ちくま新書

ACE《エース》サバイバー
——子ども期の逆境に苦しむ人々

三谷はるよ
Mitani Haruyo

1728

ACE《エース》サバイバー——子ども期の逆境に苦しむ人々【目次】

第4章　ACEによる悪影響を断ち切るには　125

はじめに

Aさんがもっている最初の記憶は、「息苦しい」という感覚です。海の中でもがきながら息ができないようなこの感覚は、「きっとお腹の中にいて、虐待されていた時の記憶じゃないか」とAさんは考えます。

身体を持ち上げられ畳に叩きつけられた時の浮遊感と衝撃、トイレの床を拭いた雑巾で顔を拭かれた時の嫌悪感、いつ殴られ蹴られるかと布団に丸まっていた時の恐怖感――物心つく前の頃の記憶が、いまだにAさんを苦しめます。

幼少期、両親からは毎日のように暴力や暴言を浴びせられ、きょうだいからも馬鹿にされました。常に目の下に隈ができ、やせ細っていたAさんのことを、母親は陰で「どうなってもよい子」と話していたといいます。

高校は中退し、就職しても集中が続かず体調も崩し、どこにいっても「使えない人間」として扱われました。結婚するも、経済問題を抱えた夫と離婚し、一人娘の子育ても順調にはいきませんでした。60代になった今、一人で暮らし、心療内科に通う日々です。

あなたは知っているでしょうか。Aさんのように、子ども時代に負った心の傷のために、一生苦しみ続ける人たちがいることを――。

「ACE（エース）」という用語は、Adverse Childhood Experiences の頭字語であり、「逆境的小児期体験」や「子ども期の逆境体験」などと訳されます。ACEは、0歳から18歳までの子ども時代に経験する、トラウマ（心の傷）となりうる出来事を指します。たとえば、虐待やネグレクト、家族の精神疾患や依存症、近親者間暴力などに曝される体験をいいます。

1990年代からアメリカで始まったACE研究が明らかにしたことは、経験されたACEの種類がより多い人ほど、後年、心臓病や糖尿病、薬物乱用、自殺念慮、失業や貧困などに苦しむ可能性が高くなるということでした。

つまり、子ども時代により多くの逆境に曝された人は、生涯にわたって心身的にも社会経済的にも、生きづらい状況に置かれる可能性が高いということです。

虐待やネグレクト、さまざまな家族の問題は、センセーショナルに描かれることが多い話題です。しかし本書では、あくまでもACE研究という学術的視点に立って、ACEが人生に与える長期的な悪影響の実態を、実証的なデータに基づいて議論します。

そもそもACE研究の知見はほとんどが英語論文で発表され、日本の一般の人々には知られていません。研究知見を日本語で伝え、日本社会がこれから取り組むべきことについて議論できるための確かな情報を広めたいと企図し、本書を世に出すことにしました。

本書では、疫学、精神医学、神経科学、心理学、ソーシャルワーク研究などを分野横断的に俯瞰し、ACE研究が明らかにしている主要な知見を紹介します。また、京都大学が実施した全国2万人へのアンケートに基づき、日本社会におけるACEサバイバーが被っている不利の実態を示します。さらに、ACEサバイバー本人へのインタビューや国内外での取り組み事例を踏まえて、「ACEサバイバーが不利にならない社会」への処方箋を具体的に提言します。お忙しい読者の方は、どうぞ強調された太字の箇所を拾い読みしてください。

本書を手に取ってくださったあなたも、家族に苦しんだ子ども時代を過ごした方かもしれません。そのような過去がある家族や恋人、友人、クライエントが身近にいる方かもしれません。あるいは、日々、子どもたちに向き合っている方かもしれません。皆さんが、ACEサバイバーが被っている不利の実態とその原因を少しでも理解し、未来への展望を開くために、本書が役に立つことを心から願っています。

付記1　「はじめに」冒頭には、Aさんへのインタビューに基づく内容を、Aさんの許可を得て掲載しました。
付記2　本文中の百分率は、読みやすさのために小数点以下を四捨五入してあります。

序章　人生に傷を残すACE

†ACE（子ども期の逆境体験）とは

私たちはこの世に生を受けた瞬間から、多かれ少なかれ、さまざまな苦しいことを経験します。誰もがその苦痛に折り合いをつけ、見えない傷を抱えながら大人になるといってもいいでしょう。その傷があることで、人は人生を生きていく強さや他者への配慮を身につけていく場合もあります。

しかし、幼い子どもの頃に、予測できない危機的状況や耐え難い状況に繰り返し直面することで、深い傷を負ってしまった場合、本人が思う以上にその心や身体は蝕まれます。生きていくことそれ自体に支障を抱え、生涯にわたって苦しみ続けることもあるのです。そうした事実を、ACE研究は私たちに教えてくれました。

ACE《エース》は、Adverse Childhood Experiences の略であり、「逆境的小児期体験」や「子ども期の逆境体験」などと訳されます。**ACE（子ども期の逆境体験）とは、0歳から18歳までの子ども時代に経験する、トラウマ（心の傷）となりうる出来事**を指す言葉です。

まずはあなた自身に、次のような過去の体験があるか考えてみてください。

【ＡＣＥ（子ども期の逆境体験）アンケート】[1a]

18歳になるまでに、あなたには次のような体験がありますか。

1　親や同居する大人が、あなたを叩いたり殴ったりした「身体的虐待」

2　親や同居する大人が、あなたを罵倒したり侮辱したりした「心理的虐待」

3　5歳以上年上の人や大人が、あなたに性的に触れたり、性行為を強いたりした「性的虐待」

4　あなたに十分な食事や衣服を与えたり、医者に連れて行ったりしてくれる大人がいなかった「身体的ネグレクト」

5　あなたを安心させ、守ってくれる大人がいなかった「心理的ネグレクト」

6　両親が、別居または離婚をした「親との別離」

7　親や同居する大人が、叩いたり殴ったり、殴り合ったりしていた「近親者間暴力」

8　アルコール問題を抱える人や、薬物を乱用する人と同居していた「家族のアルコール・薬物乱用」

9　うつ病や精神疾患、自殺願望のある人と同居していた［家族の精神疾患・自殺］
10　服役していた、または服役を言い渡された人と同居していた［家族の服役］

以上の質問に対する、「はい」の数を合計してみましょう。これが、あなた自身のACEスコア（0〜10）です。

1990年代からアメリカで始まったACE研究は、**ACEスコアと成人後の心身の疾患や問題行動に明らかな関連がある**ことを証明しました。心身への悪影響だけでなく、最近の研究では、**失業や貧困、社会的孤立や子育ての困難に至るまで、ACEが長期的に影響を及ぼす**こともわかっています。つまり、ACEは単一の時間・時期を超えて、広範囲に悪影響を与えうる人生の重大なリスク要因といえるのです。

ACE研究は、今や国際的な広がりを見せています。2022年10月現在、世界各国の学術論文を収録するデータベース（Web of Science）で「adverse childhood experiences」をタイトル検索すると、2500を超える論文がヒットします。疫学から始まったACE研究は、精神医学、神経科学、遺伝学、心理学、看護学、ソーシャルワーク研究などへと波及しています。各研究分野において、ＡＣＥの影響の程度やそのメカニズム、臨床現場での取り組みなどが、多角的な側面から探究されています。

国際的なＡＣＥ研究の隆盛とは裏腹に、残念ながら日本では、このＡＣＥの実態やその影響について、一般の人々にはあまり知られていません。研究者や医療関係者の一部のみが、「ＡＣＥ」という概念やその研究成果について知っているのにすぎないのが現状だと思われます。

はたして日本は、ほとんどの人がＡＣＥについて無知な社会でいいのでしょうか。日本の子どもたちにとって、「安心して幸せに暮らせる社会」だといえるでしょうか。

†児童虐待や家庭内暴力の現状

多くの読者の皆さんが、これらの問いに対して否定的な反応を示すのではないでしょうか。子どもに対する凄惨な虐待・ネグレクトの事件がメディアによって報道されるたび、心を痛める人は少なくないでしょう。家庭の中で起きている親の暴力や依存症、うつ病などの悩みやトラブルを、身近なところで見聞きする人もいると思います。

実際に、現代の子どもたちが置かれている状況を、各種統計データから確認してみまし

図序-1　児童相談所での児童虐待相談対応件数の推移

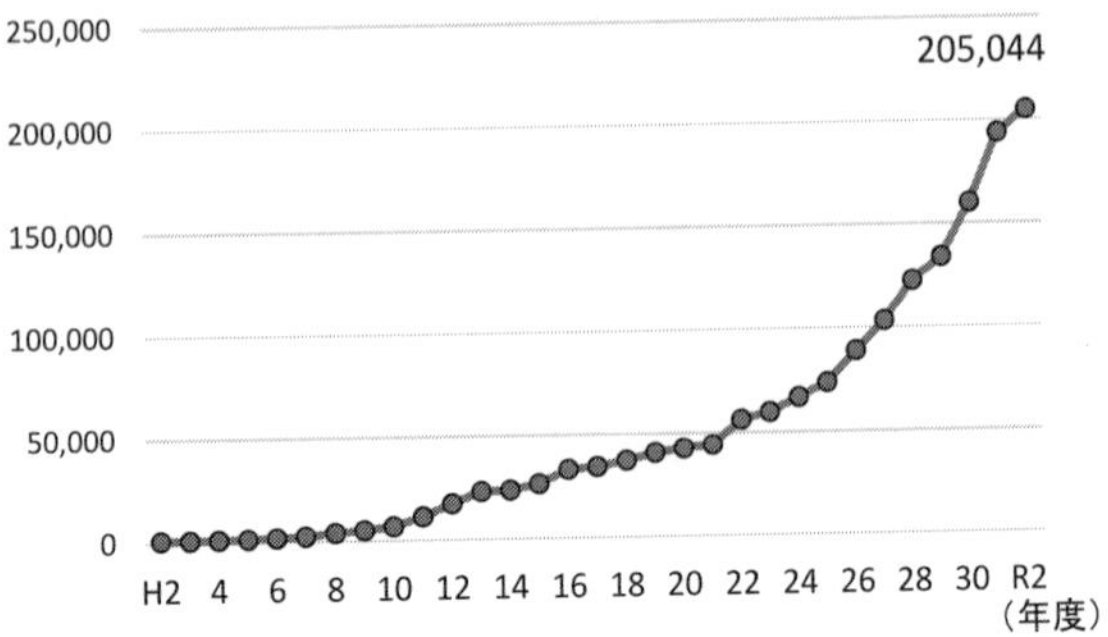

出所：厚生労働省（2022）をもとに筆者作成

ょう。

たとえば、よく知られているように、**児童虐待（ネグレクトを含む）の相談対応件数は、右肩上がりに増加**しています（図序－1）。厚生労働省によれば、2020（令和2）年度の全国220カ所の児童相談所が相談を受け、指導や措置等を行った件数は、20万5044件（過去最多）でした。[2] この件数は、統計を取り始めた1990年（平成2年）以降、30年連続で増え続けてます。

もちろんこの増加傾向には、一般の人々に児童相談所虐待対応ダイヤル「189」（いちはやく）が周知されたことや、児童虐待事件のテレビ・新聞報道やネット・SNSでの注目などにより、人々の問題意識が高まったことなどが背景にあると考えられます。児童虐待そのものが増えたとは断定できません。

しかし注目されるのは、その絶対数です。虐待相談が20万件を超えているという事実は、児童相談所１カ所につき、平均すると年間約９３２件もの児童虐待事案に対応しているということです。いかに現場が虐待対応で逼迫しているかがわかります。

家庭内で起きている暴力の状況を他のデータからも見てみましょう。**ＤＶに関する相談件数も増加**しています。ＤＶ（ドメスティックバイオレンス）とは、親密な関係にある（あった）者から振るわれる暴力のことをいいます。

内閣府男女共同参画局によれば、２０２０（令和２）年度の全国２９６カ所の配偶者暴力相談支援センターへの相談件数と、「ＤＶ相談プラス」（令和２年４月に開設されたＤＶ相談体制）への相談件数の総数は、18万２１８８件（過去最多）でした（図序－２）[3]。

２０２０年度に著しく増加しているのは、コロナ禍においてＤＶ相談の新しい窓口が設けられ、５万２６９７件もの相談件数が加算されたことが大きく影響しています。電話・メール、チャット等によって、被害者自身のＳＯＳが届けられやすくなったといえるでしょう。これまで表に出にくかった被害が可視化され、専門機関によって対応されるようになったとしたら、むしろ肯定的に受け止められる状況といえるかもしれません。しかし、約18万件もの暴力に苦しんでいる人々がいる、というのは揺るがない事実です。

図序-2　配偶者暴力相談支援センターへの相談件数の推移

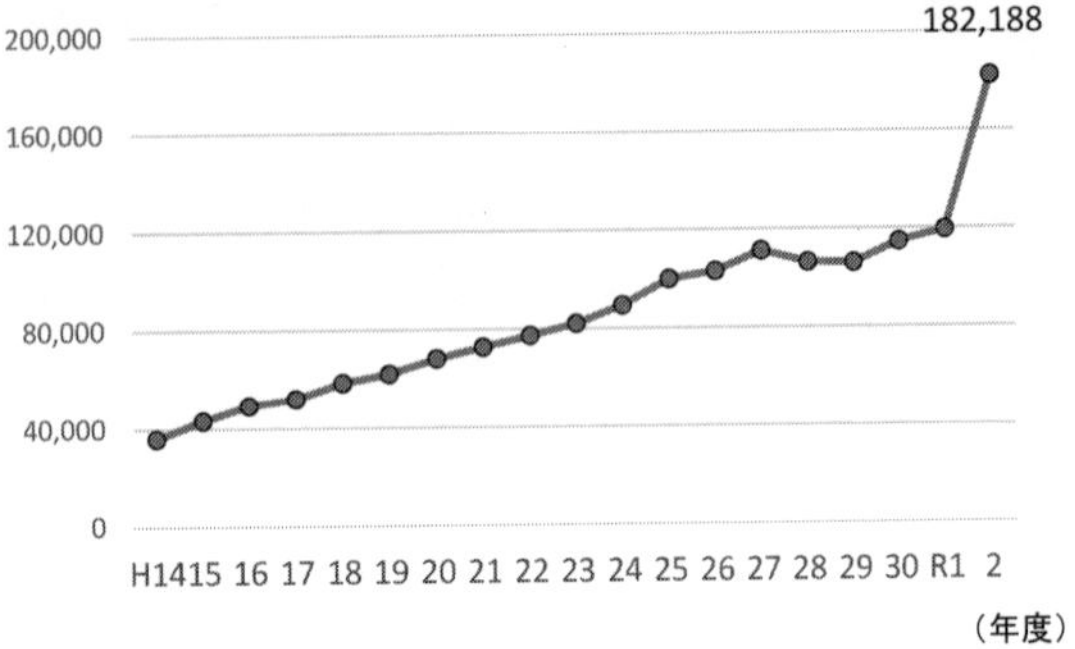

出所：内閣府男女共同参画局（2022）をもとに筆者作成

また同資料[3]によると、2020年度に配偶者暴力相談支援センターに寄せられた相談件数のうち、97%が女性被害者のケースでした。被害を相談した人のうち、18歳未満の子どもと同居している人は49%（3万9393人）であり、半数近いDV被害者の傍に子どもがいることがわかります。さらに、この子どもがいる被害者のケースの66%（2万5818件）に、面前DVを含む、親から子への虐待が確認されています。日々、親が暴力を受けている姿を見ている子どもたち、また自分自身にもその暴力が及んでいる子どもたちが少なくないことがわかります。

これらは、現実の一端です。少し取り上げるだけでも、現代日本が子どもたちにとって「安心して幸せに暮らせる社会」とは言いがたい現状が垣間見えます。

†葛藤の温床としての「家族」

多くの人にとって、家族は何よりも大切な存在であり、家族と平和に暮らすことが人生における優先度の高い価値だとみなされているかもしれません。

一方で、家族そのものが、葛藤や暴力を生みだしやすい組織体であるという考え方もあります。社会学者であるリチャード・ゲレスはその理由として、①家族以外の人より家族との交流時間が長く、活動は広範囲に及ぶ、②家族との相互作用は大きく、本質的に対立構造をもつ、③家族というだけで、他の家族成員に対して価値や態度や行動に影響する暗黙の権利が発生する、④性別・年齢が多様である、⑤家族成員に役割と責任が割り振られる、⑥現代家族は私的な制度であり、社会的統制の程度が低い、⑦子どもは自分の意思で家族成員になったわけではない、⑧出産・高齢化・失業といった変化によってストレスを受ける、といった構造的特質を指摘しています。[4]

もともと多様な人間同士が一緒に暮らし、その関係性は平等ではないわけですから、家族の中では本質的に葛藤が生じやすいといえます。そこで暴力やケアの放棄が起こったとしても、外部社会から閉ざされているため、誰かの被害が見えにくい側面もあります。そしてその被害に遭いやすいのが、弱い立場にある女性や高齢者、そして子どもたちなのです。

さらに現代日本の家族は、ますます閉じられがちな存在となりつつあります。

そもそも日本が近代化する以前の社会（前近代社会）では、家族は外部社会に対して開かれた存在でした。子育てに関しては、両親だけが担うのではなく、親族ぐるみ、地域ぐるみで、子どもを保護し、子どもの成長に関わる大人が、社会（親族・地域）に散在していました。[5] 農業など、職住一体の暮らしを背景に、子どもたちは多くの大人の眼差しの中で育てられていたので、家族と外部社会の境界があいまいだったといえます。

しかし、とくに戦後、近代化に伴って、性別役割分業（男性は仕事、女性は家庭）に基づいて、「主婦」が2、3人の子どもの養育、家事などを第一義的に担う家庭が一般的となりました（これを、「近代家族」と呼びます）[6]。その後、女性の社会進出は進みましたが、女性が育児・家事等を男性よりも担う状況は大きくは変わりませんでした。

1980年代には、夫の非協力、母親の社会的ネットワークの狭さを背景に、母親たちが子育てに漠然とした恐れを抱く「育児不安」の現象も指摘されました。[7] 核家族は外部社会との境界を厚くし、カプセルのように孤立した存在になっていったのです。

さらに日本では、1990年代以降、経済不況は長期化し、非正規雇用が増大するなど、経済的に厳しい状況に置かれる人々が増えました。また、待機児童問題や保育士不足といった、子育て支援体制の不十分さも叫ばれました。こうした社会状況の中で、子どもを産み育てることの困難さがますます認識されていきました。

これに加えて、コロナ禍です。2020年以降の世界規模のパンデミックによって、私たちはさまざまな制約と犠牲を余儀なくされました。子育て家庭においては、臨時休校・休園、家事負担や家計負担の増大、外出のしにくさ等を経験し、多くの人が苦労やストレスを感じたことと思います。コロナ失業や収入の著しい低下など、かなり厳しい状況を経験した人もいたでしょう。家族が抱える問題がますます見えにくい構造の中で、虐待・ネグレクトや家庭内暴力の増加を危惧する声も上がりました。

こうして見ていくと、あらためて子どもたちや親にとって「安心して幸せに暮らせる社会」とはいえない現状があることがわかります。むしろ、虐待・ネグレクトや家族の問題が生じるのは、当然の帰結とすら感じられます。

だから今こそ、ACE（子ども期の逆境体験）の現実に目を背けてはいけません。生まれ育った家族の中で逆境体験を積み重ねた子どもがどのような人生を送ることになるのか、また、その逆境はどのように乗り越えていけるのか、社会には何ができるのかを真剣に考えなければならないのです。

見過ごされていた現実に向き合う

本書では、ＡＣＥがその後の人生にどのような影響を与えるのかに着目します。つまり、**ＡＣＥの過去を抱えながら生きている人たち――すなわち、〝ＡＣＥサバイバー〟が、どのような心身の状態になりやすく、どのような社会経済状況や人間関係を経験しやすいか**を実証的なデータによって正確に把握します。そのうえで、「**ＡＣＥサバイバーが生きやすい社会**」のために、同時に「**ＡＣＥを予防できる社会**」のために、今後取られるべき方策について考えたいと思います。

なお、日本においてＡＣＥへの注目は始まったばかりといえますが、ＡＣＥサバイバーの中には、自分たちを「アダルトチルドレン」や「毒親サバイバー」という言葉で表現し、子ども時代に負った傷に向き合っている人たちがいます。

「アダルトチルドレン」とは、元々はアルコール依存症者の親のもとに生まれて成長し、アダルト（大人）になった人たちを指します。１９９０年代にこの言葉が一般的にも知られるようになり、その後、機能不全家族[b]で育った人たちにまで言葉の対象が拡大されました。[8] 一方「毒親」は、最近聞かれるようになった新しい言葉です。初めて「毒親」という言葉を使ったセラピストのスーザン・フォワードは、「子どもの人生を支配し、子どもに害悪を及ぼす親」として定義しています。[9] ここで支配されたかどうかを決めるのは、子ども自身です。

「ＡＣＥ」は、「アダルトチルドレン」にも「毒親」にも似た概念です。こうした類似概念と区別されるのは、**ＡＣＥは本人の「被害者」としての認識が不要な客観的概念である**という点です。つまり、過去の事実をもって「ＡＣＥ」があったかどうか、ある人が「ＡＣＥサバイバー」であるかどうかを判断することができます。ＡＣＥは子どもがストレスフルな生活環境で育つこと自体を問題視し、その状況と影響を客観的に捉えようとする立場から用いられる概念といえます。

このように、**ＡＣＥは子どもが育つ「境遇」に目を向ける概念である**という点も重要です。たとえば「児童虐待とそのトラウマ」のように「行為とその結果」を捉えて行為者／被行為者（＝加害者／被害者）と分断するのではなく、境遇（生活環境）に着目したところにＡＣＥ研究のオリジナリティと価値があると、精神科医の滝川一廣氏は指摘しています。[10]

その視点によって、養育者を含めた家族全体の境遇（生活環境）に対して、社会には何ができるかを考えることができるようになります。

本来ならば、本書のようなACEに関する知識を広め、啓発を図ろうとする書籍は、医師や公衆衛生が専門の疫学者に書いていただくほうがよいかもしれません。一方で、より社会的な視点からACEに光を当てるべきとも感じています。私は社会学を専門としているのですが、ACEについて大規模な調査を行い、データを分析すればするほど、ACEサバイバーに過剰なまでの社会の不利が押しつけられている事実に驚愕しました。**たまたま生を受けた家族の境遇（生活環境）の格差が、生涯にわたる多面的な格差につながっているのです。**そして、「この事実は、社会問題である」という認識を強めました。

また、事実を伝えるだけでなく、ACEサバイバーが生きやすくなるために、また、そもそもACEの発生を予防するために、今ある「社会のしくみ」の改善を訴える必要性も感じたのです。

研究者としてだけなく、一人の母親としても、ACEのことをより多くの人に知ってもらいたいという思いがあります。現在、私は未就学児3人の子育て真っただ中です。余裕を失い、「自分が自分でなくなる瞬間」を幾度となく経験し、手を上げたり放置したりしようとしたことは一度や二度ではありません（正直に言えば、かなりあります）。でもそのたびに、ＡＣＥが子どもの一生に与える甚大な害悪が頭によぎり、何とか踏みとどまります。

今の日本社会で子育てをするのは大変なことです。周囲に十分なサポートが得られない親の場合はなおさらです。完璧な親はおらず、程度の差はあっても、不適切な養育（「マルトリートメント」といいます）を行っている親は少なくないでしょう。同じように、完璧な家族も存在しません。それでも、子どもたちのこれからの人生のために、傷を残さない子育てを共にがんばりましょう、のエールも込めて、本書を書くことにしました。

本書のねらいは、ＡＣＥに関する科学的知識を普及させ、ＡＣＥサバイバーが少しでも生きやすくなるための視点を提供すること、そしてＡＣＥ対策と予防のための社会的取り組みを喚起することです。

ただし、本書を読んでいただくにあたって、以下の点には注意していただきたく思います。

第１に、**「ＡＣＥ」という概念は差別のための道具ではない**という点です。本書では、

ＡＣＥ概念によって、これまで十分に注目されていなかった支援の対象者を浮かび上がらせることを企図しています。この概念を、自分とは異なる他者へのレッテル貼りに利用することは、心して避けなければなりません。

第2に、**ＡＣＥ研究の目的は、両親を糾弾することではない**という点です。多くの逆境体験が、何世代にもわたっているケースがあります。親も、またその親も、ＡＣＥの影響に苦しんだ被害者かもしれません。つまり、現在抱える苦しみの犯人捜しはできないのです。

第3に、**ＡＣＥは成人期に抱える生きづらさの原因の一つにすぎない**という点です。どんな心身疾患にも、社会経済的な困難にも、人間関係上の問題にも、ＡＣＥの影響だけでなく、遺伝的な要因や出身家庭の社会経済的要因、青年期以降の環境要因など、複数の要因の影響が絡み合っていると考えられます。唯一の原因ではないですが、見過ごすことのできない人生初期のリスク要因として、本書ではＡＣＥに注目します。

第4に、**ＡＣＥは、先述の【ＡＣＥ（子ども期の逆境体験）アンケート】に挙げた10種類だけではない**という点です。これらは、ＡＣＥ研究の始まりから使用されている典型的なＡＣＥ項目です。その後、貧困や犯罪が蔓延する地域で育つことや、戦争や大災害に巻き込まれること、学校でいじめられることなどを、ACEとして扱う研究も登場しています。これらが重要な問題であることに変わりはありませんが、本書ではほとんど触れられないことをご了承ください。

本書で紹介する研究知見は、膨大な蓄積の中のほんの一部でしかありません。しかし、筆者の能力と時間の許す限り、ACEに関する何百本もの研究論文に目を通し、全体像を摑もうと努めました。また、2万人を対象とした全国調査データから、ACEサバイバーの置かれた不利な実態を示す分析結果をまとめました。さらに、ACEサバイバーの人生のリアリティをより理解するために、日本で暮らしているACEサバイバー十数名にもインタビューをさせてもらいました（彼らの語りの一部は、第5章で取り上げています）。本書では、これらからわかったことをなるべくわかりやすい言葉でお伝えすることを心がけました。

この本を手に取った皆さんが、ACEについての理解を深め、ACEサバイバーがより生きやすくなるように、ACEを予防できるように、自分や社会に何ができるかを考える糸口を提供できれば幸いです。

a　オリジナルなＡＣＥ尺度の質問項目ではなく、改良が加えられているアメリカのＢＲＦＳＳ（行動危険因子監視システム）のＡＣＥモジュールで採用されている質問項目を掲載。ＢＲＦＳＳについては196頁を参照。表現は筆者の意訳。

b　信田さよ子氏が指摘するように、「機能不全家族」という言葉は、どこかに十全な（完全に機能する）家族があることを想起させる幻想的な言葉である。[8]よって本書ではこれ以降、「家庭の機能不全」と表現することはあっても、「機能不全家族」という語は用いない。

c　たとえば、デイビッド・フィンケルホーらは、オリジナルなＡＣＥ尺度の10項目に加えて、社会経済的地位（ＳＥＳ）の低さ、仲間による被害、仲間からの孤立、地域の暴力への曝露を追加することを提案している。[11]

第1章　ACEの心身への影響

1　ACE研究の始まり

†一人の医師のある「気づき」

ACE研究は、ある一人の医師の、臨床現場での「気づき」が出発点となりました。その医師とは、アメリカ・サンディエゴ（カリフォルニア州）に住む、**ヴィンセント・J・フェリッティ**です。彼は、カイザー・パーマネンテというアメリカ最大の健康保険会社（医療機関も所有）の予防医学部門の主任でした。

1980年代初頭、フェリッティは自身の肥満専門クリニックで、カイザー・パーマネンテの肥満解消プログラムを進めていました。その参加者である若い女性が、120kgを超える減量に成功した一方で、短期間のうちに大幅なリバウンドを経験しました。彼女いわく、職場の年配男性からの性的なアプローチが引き金となり、睡眠中の過食（睡眠関連食行動障害）が再発したというのです。フェリッティがさらに追究すると、10歳の時に祖父から性的虐待を受け、その頃から太り始めたことを打ち明けました。彼にとって、これは思いがけないことでした。

これをきっかけとしてフェリッティは、子ども期の性的虐待と肥満の関係を探るため、来院する患者286人に対して一人ずつ面談を行いました。その結果、驚くべきことに、55％の患者が子どもの頃に性的虐待を受けていたこと、その多数が他の虐待や家庭の深刻な機能不全も経験していたことが明らかとなったのです。[1]

性的虐待の被害を受けた人にとって太ることは、自分の身体に対する注目を避ける意味合いがありました。つまり、太ることはトラウマ体験に対する「無意識の解決策」となっていると考えられました。こうしてフェリッティは、誰もが見逃していたパターン――**肥満の背景に子ども期の逆境体験がある**、という重大な事実に気づいたのです。

1990年、フェリッティはこの「気づき」を、全米肥満学会で発表しました。しかし、聴衆からは猛反発を食らいました。一方で、この発表に保健社会福祉省の下部組織・CDC（米国疾病予防管理センター）に勤める疫学者が理解を示しました。この人の計らいでフェリッティはCDCで発表することになり、そこで働く疫学者、**ロバート・アンダ**と出会います。アンダは長年、公衆衛生上の諸問題の根本的原因に関心を寄せていました。彼はまた、大規模なデータの分析にも長けていました。

こうして出会ったフェリッティとアンダ、すなわちカイザー・パーマネンテとCDCがタッグを組み、共同研究が行われることになりました。肥満だけでなく、**あらゆる疾患に対して、子ども期の虐待・ネグレクト、関連する家庭のストレス要因が長期的に影響するかどうかを検証する大規模な疫学研究**が実現することになったのです。

†1万7000人超が参加した初のACE調査

1995年から1997年にかけて、初めてのACE研究（CDC-Kaiser ACE Study）が実施されました。カイザー・パーマネンテの健康診断に訪れた2万6000人に対して調査協力を求めたところ、1万7000人を超える人々が協力の意思を示してくれました。この人々を調査対象として、初めてのACE調査が実施されることになりました。

この時用いられた調査票に、ACE（子ども期の逆境体験）を捉える質問項目が含められました。表1-1が、そのACE項目の一覧です。[a]

前半5つは、18歳になるまでに受けた虐待・ネグレクトです。身体的・心理的（・性

表 1-1　CDC-Kaiser ACE Study で用いられた ACE 項目

質問文	カテゴリー
あなたが18歳になるまでに…	
親か同居している大人が、**頻繁に、または日常的に、** あなたを押したり、つかんだり、平手打ちしたり、何かを投げつけていたか？　もしくは跡が残ったり負傷したりするほどあなたを強く叩いていたか？	**身体的虐待**
親や同居している大人が、**頻繁に、または日常的に、**あなたを罵ったり、侮辱したり、貶したり、恥をかかせていたか？　もしくは怪我をさせられるかもしれないとあなたが恐れるような行動をとっていたか？	**心理的虐待**
大人か、５歳以上年上の人が、性的な方法であなたに触れたり愛撫したり、相手の体に触らせたことがあるか？　もしくはあなたとの性交を試みたり、実際に性交をしたことがあるか？	**性的虐待**
あなたは、**頻繁に、または日常的に、**十分な食事がなく、汚れた服を着なければならず、自分を守ってくれる人がいないと感じていたか？　もしくは親のアルコール・薬物依存により、面倒を見てもらえなかったり、必要なときに病院へ連れて行ってもらえないと感じていたか？	**身体的ネグレクト**
あなたは、**頻繁に、または日常的に、**家族の誰からも愛されていない、あるいは自分が大事で特別な存在だと思われていないと感じていたか？　もしくは家族が互いに関心がない、親しみを感じていない、助け合っていないと感じていたか？	**心理的ネグレクト**
あなたの両親は、別居または離婚をしたか？	**親との別離**
母親（もしくは継母）は、**頻繁に、または日常的に、**押されたり、つかまれたり、平手打ちされたり、何かを投げつけられていたか？　**時々、頻繁に、または日常的に、**蹴られたり、噛まれたり、拳や何か硬いもので殴られていたか？　もしくは少なくとも数分間繰り返し殴られたり、銃やナイフで脅されたり負傷したことがあるか？	**母親への暴力**
酒癖が悪い人、アルコール依存症者、または薬物を乱用している人と同居していたか？	**家族のアルコール・薬物乱用**
世帯員にうつ病の人、精神疾患を抱えた人、自殺を試みた人がいたか？	**家族の精神疾患・自殺**
世帯員に刑務所に収監された人がいたか？	**家族の服役**

出所：Felitti et al.（1998: 248）、ナカザワ（2018: 15-18）をもとに筆者作成

的）という、それぞれの側面からの被害が捉えられています。後半5つは、18歳になるまでの家庭における何らかの問題（家庭の機能不全）です。親と離れて暮らしていたか、母親へのDVがあったか、家族の依存症や精神疾患、服役があったかを捉えたものです。

調査対象者はこれらの質問項目に回答し、該当するものがあればそのカテゴリーは1とカウントされました。これらを合計したACEスコア（0〜10）と、成人期の病気や問題行動との関係が検討されました。

そもそも調査対象者は、健康保険への加入者であり、大卒が75％、白人も75％でした。つまり、ほとんどが教育水準の高い、中産階級の白人だったのです。ですから、フェリッティとアンダは当初、ACEスコアはかなり低くなると予想していました。

しかし、調査結果は意外なことに、**参加者（1万7337人）のうち、約3分の2（64％）が1つ以上のACEを経験**していました。ACEスコアが「1」の人は26％、「2」の人は16％、「3」の人は10％、「4以上」の人は13％と、予測よりも多くの人たちが複数の逆境を経験していたのです。[2]

†ACEが成人後の健康に与える影響とは？

図1-1　ACEスコアごとの調整オッズ比

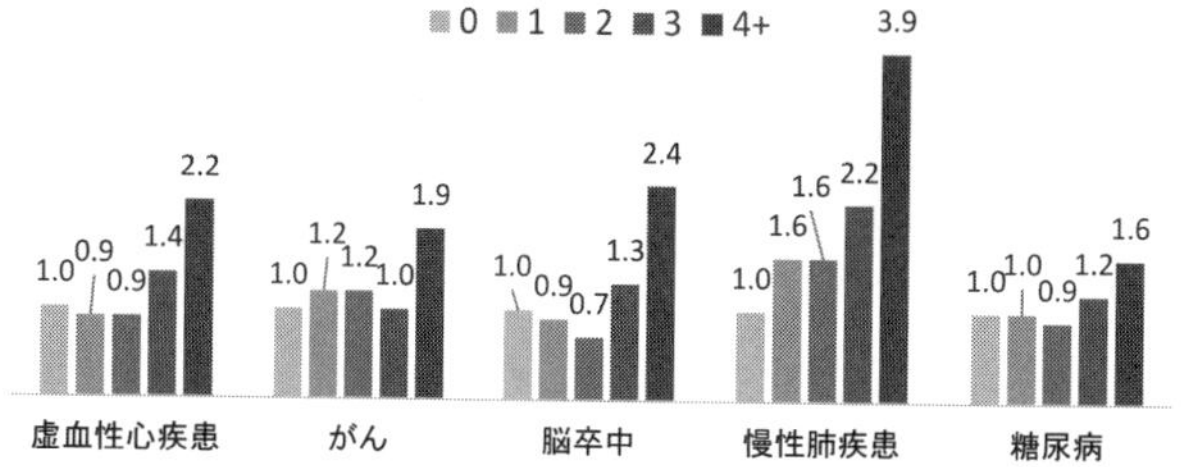

出所：Felitti et al.（1998）より筆者作成

この調査結果によって、さらに驚くべきことに、**ACEと成人後の健康問題との明らかな関連**が見いだされました。

フェリッティらが1998年に発表した論文[3]では、9508人（有効回答率：71%）を対象に、7つのACE（身体的・心理的・性的虐待、母親への暴力、家族の薬物乱用・精神疾患・服役）が健康に与える影響が検討されています。結果の一部をまとめたものが、図1-1と図1-2です。

ここで示される「オッズ比」とは、事象の「起こりやすさ」を2つのグループ間で比較した指標のことをいいます。1より大きい値であればあるほど、注目するグループのほうが比較対象とするグループに比べて、その事象が「起きやすい」ことを表します。

また、「調整オッズ比」とは、他の要因の影響を取り除いた場合のオッズ比をいいます。ここでは、年齢、性別、人種、学歴の影響が除去されたうえで、ACEが病気・健

図1-2　ACEスコアごとの調整オッズ比

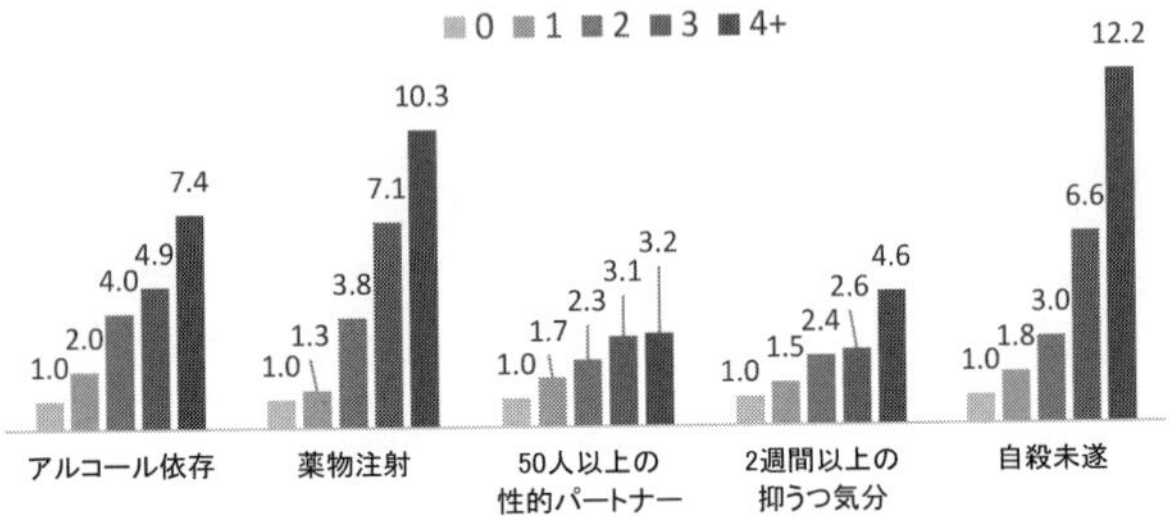

注：Felitti et al.（1998）より筆者作成

康リスク行動に与える直接的な影響が検討されています。

その結果、**ACEが「4以上」の人は「0」の人に比べて、「虚血性心疾患」は2・2倍、「がん」は1・9倍、「脳卒中」は2・4倍、「慢性肺疾患」は3・9倍、「糖尿病」は1・6倍なりやすい**という結果でした（図1－1）。高ACEスコアの人は、代表的な死因にもなりえるこれらの病気に罹りやすいということです。

また、**ACEが「4以上」の人は「0」の人に比べて、「アルコール依存」は7・4倍、「薬物注射」は10・3倍、「50人以上の人との性交渉」は3・2倍起こりやすい**という結果も得られました（図1－2）。高ACEスコアの人は、何かに対する依存傾向も生じやすいといえます。

メンタルヘルスに関しても、**ACEが「4以上」の人は「0」の人に比べて、「うつ病」は4・6倍、「自殺未遂」は12・2倍起こりやすい**というきわめて高い数値も得られています（図1－2）。高ＡＣＥスコアの人が、不安定なメンタル状態になりやすいことがわかります。

このように、**ＡＣＥスコアが高いほど、成人期に疾病に罹りやすくなったり、健康に対してリスクとなる行動をとったり、精神状態を悪化させやすい**傾向が見いだされました。これを、ＡＣＥと不健康の「**用量反応関係**（dose-response relationship）」といいます。

このように、ＡＣＥへの曝露が健康に与える負の影響を検討するために用いられているアプローチは、「累積リスクモデル」と呼ばれます。[4] ポイントは、特定のＡＣＥの「種類」ではなく、ＡＣＥに曝された「量」に焦点を当てている点です。この累積リスクモデルは、ＡＣＥへの曝露の量と不健康の間の関連（用量反応関係）を明らかにするうえで有用です。また、逆境の重なり（共起）という観点から、誰が最もリスクに曝されているかを特定しようとするアプローチであるといえます。

2　ACEが引き起こす病気

†ACEがもたらす心身の疾患

1998年に発表された先ほどの論文は、今や8700を超える研究論文に引用されています（Web of Scienceより）。従来、身体医学では成人患者の子ども時代に注目することがほとんどなかったため、フェリッティらの発見は医学界にとって大きな衝撃だったのでしょう。このACE研究によって、子ども期の過酷な逆境体験が成人後の健康に害悪をもたらすことが、広く知られるようになりました。

その後、つづく数多くの研究で、ACEが心身の疾患や健康リスク行動に影響することが証明されていきました。

たとえば、虚血性心疾患[5,6,7]や脳卒中[7]、肝疾患[8]、肺がん[9]、慢性閉そく性肺疾患[10]、糖尿病[7,11]、頻繁な頭痛[12]、睡眠障害[13]への影響が報告されています。

また、早期の飲酒[14]、アルコール依存[15,16,17]、違法薬物の使用[16,18]、喫煙[17,19]、肥満[17]、危険な性行為[20]、10代の妊娠[17,21]、うつ病[15,16,22]、不安[23]、心的外傷後ストレス障害（PTSD）[24]、自殺未遂[16,25]に影響することもわかっています。

こうした膨大な研究知見を整理するレビュー論文も、これまでに複数発表されています。その中の一つ、96文献をレビューした最近の研究[26]を紹介しましょう。この96文献ではすべ

表1-2　ACEスコアが「0」の人と比べた場合の「4以上」の人が抱えやすい疾患・問題（調整オッズ比）

■医学的アウトカム	
虚血性心疾患	2.3
胃腸疾患	1.5
呼吸疾患	2.6
身体の痛み／頭痛	2.0
睡眠障害	1.6
■心理社会的・行動的アウトカム	
喫煙	1.9
飲酒問題	4.3
抑うつ気分	3.2
危険な性行動	2.8
違法薬物使用	3.7
自殺未遂	7.3
素行の問題	2.0
健康状態／生活の質の悪さ	2.7
暴力の被害	5.0
心理的ディストレス	5.6
パニック／不安	6.8

注：有意な結果のみ掲載
出所：Petruccelli et al.（2019）をもとに筆者作成

て、オリジナルのACE研究で用いられたACE項目が使用されています。この論文では、各研究のサンプルサイズを調整して算出した調整オッズ比が、健康に関するアウトカム(心身の健康状態や行動)それぞれについて示されています。

この結果をまとめたのが表1-2です。これを見るとわかるように、身体の疾病よりも、心理社会的・行動的アウトカムのほうが総じて調整オッズ比が高めとなっていることがわかります。とくに自殺未遂の値が7・3というのは目を引く高さです。

ACEは自殺未遂に大きく影響を与える要因ですが、これだけ心身の疾患や健康リスク行動に関連するのですから、最終的に寿命そのものにも影響します。

フェリッティとアンダたちは、初のACE調査の対象者(1万7337人)を2006年末まで追跡する調査を行いました。その結果、ACEスコアが「6以上」の人は、ACEが「0」の人よりも、平均で約20年早く死亡するという知見が報告されています。[27]

†日本でのACEと健康に関する研究

日本でも、ACEと健康との関連について、実証的な研究成果が発表されています。いずれの研究でも、日本人ACEサバイバーが身体的・精神的な疾患のリスクを抱えやすいことが報告されています。いくつかの研究知見を紹介しましょう。

まず、日本とフィンランドの高齢者を対象とした国際比較研究から、ACEと身体的疾患の関連が明らかにされています。日本人に関しては、JAGES（日本老年学的評価研究）の登録データに含まれている、平均年齢69・5歳の1万3123人が分析対象者とされました。この研究では、ACEとして、親の離婚、家族内の恐怖（本人への身体的虐待や家庭内暴力の目撃）、経済的困窮の3つが用いられました。雨宮愛理氏らが発表した論文によれば、**このACEスコアが高い人ほど主観的健康観が低く、がん、心疾患または脳卒中、糖尿病の有病率が高い**という傾向が示されました[28]。またこれらの関連は、日本とフィンランド両方の高齢者で類似していたそうです。

また、精神疾患に関してもたしかなエビデンスがあります。精神保健に関する大規模な国際比較調査である「世界精神保健調査」の日本調査から、ACEと精神疾患の関連が示されました。この日本調査は、2002〜2004年に実施され、対象者は7地域の20歳以上の住民であり、1722人が分析対象とされました。ここでは、ACEとして遡及的に回答された12の逆境（親の死、親の離婚、親との別離、親の精神疾患、親の薬物乱用、親の犯罪、家庭内暴力の目撃、身体的虐待、性的虐待、ネグレクト、身体的疾患、経済的困窮）が扱われています。藤原武男氏や川上憲人氏らが発表した論文によれば、ＡＣＥスコアの増加に伴い、精神障害を発症するオッズ比が高まること、とくに**ＡＣＥスコアと不安障害との関連が強い**ことが明らかにされています。[29]

またその他にも、ＡＣＥスコアが高いほど、高齢者において認知症発症のリスクが高い、[30]高次生活機能制限のリスクが高い、[31]若年の母親において自傷念慮を抱くリスクが高い、[32]といった日本での研究結果も発表されています。

アメリカ発祥のＡＣＥ研究ですが、ＡＣＥという研究枠組みは、日本人の不健康の原因を捉えるうえでも有効なようです。成人後に生活習慣病にかかったり、精神的な病気を抱えたりする背景には、ストレスフルな生育環境があり、ＡＣＥが生涯にわたって深い爪痕を残すことが示唆されています。

3　ＡＣＥが病気を引き起こすメカニズム

†ＡＣＥピラミッド

ではなぜＡＣＥはこれほど、生涯にわたり心身の健康に負の影響を与えるのでしょうか。

このプロセスについて端的に教えてくれるのが、「**ＡＣＥピラミッド**」（図１－３）です。これはＡＣＥ研究の重要な理論枠組みとして知られています。

ＡＣＥを経験すると、健全な心身の発達が阻害され、社会的・情緒的・認知的な障害が発生しやすくなります。これらへの対処として、飲酒・薬物乱用など健康を危険に曝す行動が選ばれやすくなります。こうした健康リスク行動の適用も相俟って、疾病や障害、社会的問題が生じ、最終的に早期の死亡に至るというのです。

しかしながら、このＡＣＥピラミッドでは、

図 1-3　ACE ピラミッド

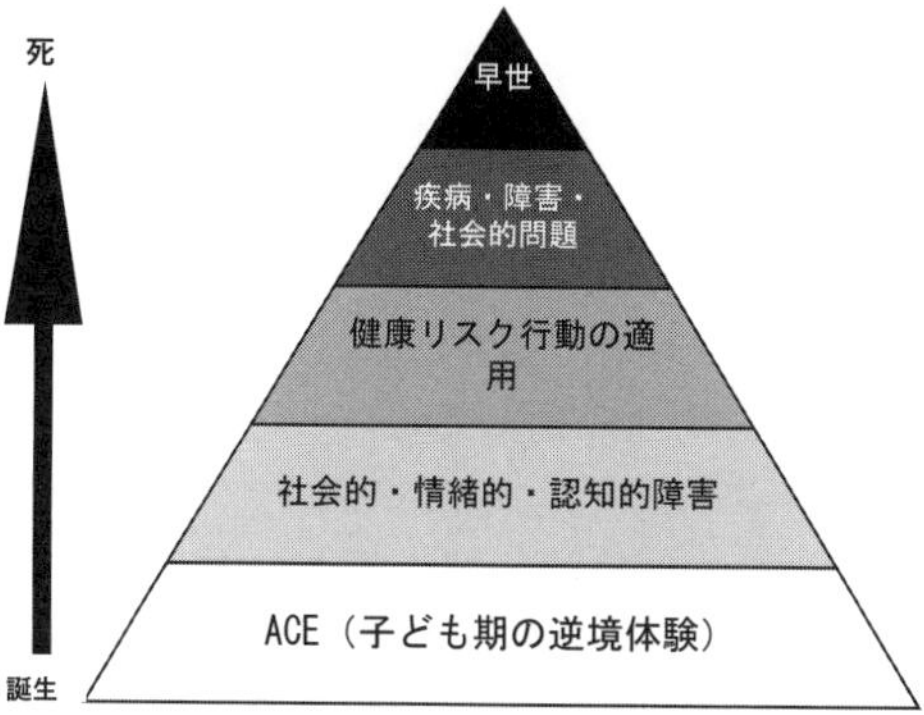

出所：Felitti et al.（1998: 256）をもとに筆者作成

ACEがどのようにして心身の健康を蝕んでいくのか、その詳細については示されていません。
このメカニズムについては、昨今の多くの研究で明らかにされてきたことがあります。そのメカニズムを大きく3つの観点（**①ストレス反応の変化、②脳そのものの変化、③エピジェネティックな変化**）から説明しましょう。

†メカニズム①――ストレス反応の変化

まず、ACEが心身に与える主要な影響として、「ストレス反応」の変化が挙げられます。その鍵となるのが、「**毒性ストレス**（toxic stress）」です。毒性ストレスとは、安定した応答的な関係による緩衝（保護）がない状態で、生理的ストレス反応システムが過剰または長期に活性化することと定義されます。[33] **長期反復的に経験されるACEは、通常の限度を超えるストレス反応を引き起こし、身体に摩耗と損傷を与える**のです。

先だって、正常なストレス反応の仕組みを簡単に説明しましょう。

〈ストレスに対処するしくみ〉

通常、人は何か外部からの刺激（ストレッサー）を受けたとき、身体の中でさまざまな化学反応が引き起こされます。自分の身を守るためのこの化学反応を、「ストレス反応」といいます。図1-4に示したように、通常のストレス反応は次のように生じます。[34,35]

図1-4　ストレス反応の経路

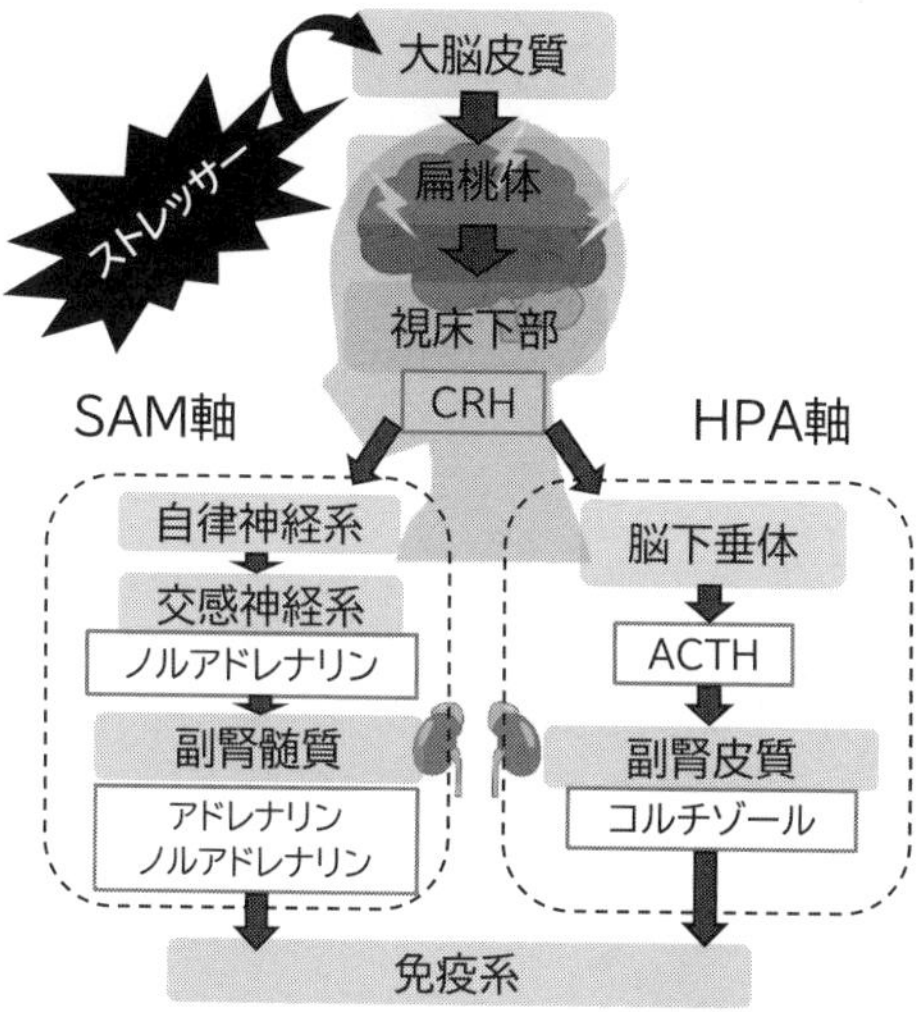

人間は身に危険が及ぶと、まずは「大脳皮質」でその刺激がキャッチされ、「扁桃体」で恐怖・不安を感じます。すると、「この危険に対処せよ」という指令が、「視床下部」にただちに伝達されます。ストレス反応の司令塔である視床下部は、CRH（副腎皮質刺激ホルモン放出因子）というホルモンを出して、HPA軸とSAM軸に働きかけます。

HPA軸とは、「視床下部-脳下垂体-副腎皮質軸」といい、脳下垂体からACTH（副腎皮質刺激ホルモン）というホルモンを出して、副腎皮質からのコルチゾールの分泌を促します。コルチゾールは、ストレスフルな状況で急激に分泌が増えることから、「ストレスホルモン」と呼ばれています。これが放出されると、各器官での代謝を促進したり、脂肪を貯めたり、繁殖機能を抑制したり、身体の炎症やアレルギー反応を抑えたりします。このような身体中に生じる働きによって、ストレッサーに対処できる状態が作りだされます。

一方、**SAM軸**とは、「視床下部－交感神経－副腎髄質軸」といい、視床下部を介して副腎髄質から、アドレナリンとノルアドレナリンを分泌します。アドレナリンが放出されると、心拍数が増加し、血圧が上昇し、身体の各器官において血管収縮が起こります。ノルアドレナリンも心拍数や血圧を上げて活動的にするほか、注意力を上げたり、記憶力を良くしたり、頭をすっきりとさせます。こうしたアドレナリンやノルアドレナリンの働きによって、ストレッサーに対して「闘うか、逃げるか」の反応、すなわち「闘争－逃走反応」が可能となります。[b]

コルチゾールや、アドレナリン・ノルアドレナリンといったホルモンは、通常、放出されっぱなしということはありません。ひとたび危険が回避され、身の安全が確保されると、

HPA軸やSAM軸の働きは止まります。

また、コルチゾールの分泌は、「負のフィードバック」によって、一定の範囲に抑えられています。コルチゾールが異常に上昇すると、海馬、視床下部、脳下垂体を介してCRHとACTHの分泌が抑制され、それ以上、コルチゾールが産出されるのが抑えられるのです。このようなホルモン分泌の絶妙なコントロールによって、私たちの身体は一定の状態に保たれています。こうした生命維持の安定性を「アロスタシス」といいます。


〈ストレス反応の調節障害と炎症レベルの上昇〉


しかし、**慢性的なストレスに曝された人は、これらHPA軸やSAM軸におけるストレス反応が「調節障害」に陥る**といわれています。身体の中ではストレス反応がひっきりなしに引き起こされることによって、身体がHPA軸やSAM軸の動きを停止できなくなるのです。これは、各軸が消耗することによって「アロスタシス」が崩れた「アロスタティック・ロード（負荷）」の状態と呼ばれます。

では、調節不全に陥った各軸では、何が起きるでしょうか。

まずHPA軸では、「負のフィードバック」の機能が失われ、コルチゾールが放出され続けてしまうと、脂質は蓄積され、血中コレステロールが増え、内臓型肥満になりやすくなり、また脳の「海馬」（情動や記憶を司る場所）の神経細胞の萎縮につながります。[36] こうしたコルチゾールの高値や海馬の萎縮は、うつ病の病態としても知られています。[37]

また一方では、HPA軸の持続的な活性化によって、GR（グルココルチコイド受容体。コルチゾールなど、糖代謝を調節するステロイドホルモンを認識、結合して、細胞内の核へ情報を伝えるもの）の機能が低下します。GRの感受性が弱まると、炎症性サイトカインが、本来は抗炎症作用をもつコルチゾールの信号を受け止めることができなくなり、炎症が生じやすくなると考えられています。[38]

「炎症」とは、感染や損傷などの刺激に対して、身体を守るために白血球が細菌やウイルス等と戦う免疫上の働きのことです。通常の炎症は、身体の健康を維持するために必要な生体防御反応ですが、慢性的に炎症レベルが上昇すると、ぜんそくやアトピー性皮膚炎といったアレルギー疾患、関節リウマチなどの自己免疫性疾患だけでなく、糖尿病やがんといった慢性疾患にもつながりやすいと考えられています。

またSAM軸でも、繰り返されるストレスのために交感神経と副交感神経のバランスが崩れ、交感神経優位になると、白血球（顆粒球）が増えすぎることで炎症が起きやすくなります。[39] また交感神経の活性化はノルアドレナリンの放出につながり、炎症性遺伝子を刺激することで、炎症が起こりやすくなる可能性も指摘されています。[40]

このように、**慢性的なストレス下では交感神経が反復的に刺激されることに加えて、副交感神経系やＨＰＡ軸などの主要な抗炎症経路の調整が徐々に低下することによって、炎症が抑制できなくなる**のです。[41] そうすると、攻撃しなくてもいいものに過度に攻撃的になってしまうことで、各種疾患にかかりやすい状態になってしまうと考えられます。

〈ＡＣＥによる内分泌系・免疫系の異常〉

では、子ども期に逆境を体験している人の身体で、本当にこうした内分泌系や免疫系の異常が起こっているのでしょうか。このことを示唆するエビデンスがあります。

たとえば、虐待を受けた子どもは、ＨＰＡ軸の慢性的な活性化を示唆するように、コルチゾールの基礎レベルが上昇することがわかっています。身体的・心理的虐待などに起因するＰＴＳＤ（心的外傷後ストレス障害）を抱える子どもたちは、健康な子どもたちと比べて、24時間にわたって尿中のコルチゾール[42]や唾液中のコルチゾール[43]のレベルが有意に高いという報告があります。

被虐待児のコルチゾールの基礎レベルの上昇が確認されている一方で、十分にケアされていない（ネグレクトを受けた）子どもたちにおいて、コルチゾール反応の鈍化も指摘されています。通常、コルチゾールは朝方から昼間にかけて分泌が盛んになり、夜には少なくなるという日周リズムをとりますが、このリズムが平坦になるというのです。ルーマニアの施設入所後の子どもたちは、施設に入所していない子どもたちと比較して、コルチゾールレベルの周日変化が平坦でした[44]。また、生後16カ月後にアメリカで養子縁組された子どもは、とくに縁組前の施設でのケアが不十分な場合、日周リズムが平坦でコルチゾール反応性が低かったという報告もあります[45]。

虐待・ネグレクト以外の逆境体験に関しても、コルチゾール反応性の低下との関連が示唆されています。低所得世帯で育つ幼児を対象とした縦断的な研究において、ひとり親、母親のうつ病、住居の不安定さといった累積的な逆境の数の多さは、朝のコルチゾール値が低いこと、そして日中のコルチゾール値の傾きが小さいことと関連していました[46]。

いずれにしても、**ACEがHPA軸の働きに影響を与え、本来は「ストレスホルモン」として機能するコルチゾールの働きに支障が出る**ことが示唆されています。

ACEは免疫系にも影響を及ぼすようです。10歳までに有害な体験（虐待、社会経済的不利、社会的孤立）を経験した人たちは、32歳の時点で、炎症のバイオマーカーであるＣＲＰ（C-Reactive Protein）レベルが高い傾向が見られました。[47] また、身体的虐待を受け、現在うつ病を患っている12歳の子どもたちにおいても、同様にＣＲＰ値が高く、高い炎症レベルが観察されました。[48] **さまざまな疾患を引き起こす準備状態としての炎症が、ＡＣＥサバイバーの身体で起こりやすくなっている**といえます。

†メカニズム②――脳そのものの変化

次に、「脳そのものの変化」について説明しましょう。とくに、**「前頭前野」「扁桃体」「海馬」など、ストレスに敏感な領域で構造的・機能的な異常が生じる**ことが知られています。

図1‐5のように、「前頭前野」とは、頭の前、おでこの裏側にあり、前頭葉の大部分を占めるところです。記憶や感情の制御、行動の抑制など、高度な精神活動を司っています。「扁桃体」は感情の中枢であり、快・不快を司っています。「海馬」は感情的な情報を処理し、記憶に重要な役割を果たします。

慢性的なストレスに曝されると、前頭前野では、樹状突起（情報を受け取る神経細胞の突

図1-5　脳の主要部位

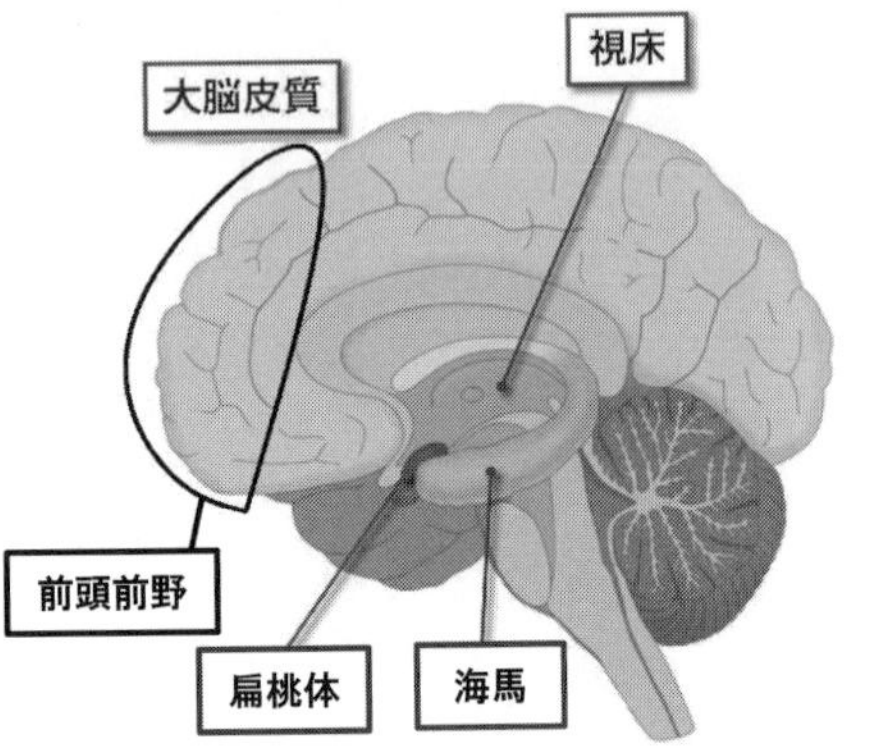

起）が短くなり、注意力が低下し、トップダウンの認知的情動制御の障害など、行動的症状があらわれます。扁桃体では、樹状突起が成長し、学習していない恐怖やその条件づけに対する反応が増強されるなどの行動症状があらわれます。海馬では、容積の減少が生じ、行動面では空間的記憶や文脈的記憶の低下が生じると考えられています。[49,50]

〈ACEによる脳の容積と行動の変化〉

ACEが、前頭前野・扁桃体・海馬に影響するというエビデンスを紹介しましょう。

まず、前頭前野に関してです。ある研究では、身体的な虐待を受けた子ども（31人）は、虐待を受けていない子ども（41人）と比較して、眼窩《がんか》前頭皮《ぜんとうひ》質《しつ》（前頭前野の下側部分に位置し、感情と社会的行動を調整する領域）の容積が小さいことが示されています。ここでは、これらの脳の構造の変化が、学業や家族における困難に関連することも示唆されています。[51]

また、虐待に関連したPTSDを抱える子どもと青年（28人）は健康な対照被験者（66人）と比べて、前頭前野の容積が小さいことも確認されています。[52] 神経心理学的特徴に関しても、虐待や家庭内暴力の目撃に起因するPTSDの子どもたち（14人）は、年齢・人種・社会経済的地位・IQが類似する虐待を受けていない健康な子ども（15人）に比べて、注意散漫になりやすく、衝動性が高く、持続的な注意力が必要なタスクでより多くのエラーを引き起こし、前頭前野の機能が乏しいことを示唆する特徴が示されました。[53]

扁桃体に関しては、イギリスの家庭に養子に出されたルーマニアの子どもを対象とした研究で、施設に入っていた子ども（14人）は、施設に入っていない子ども（11人）と比べて、扁桃体の容積が大きいことが報告されています。[54] アメリカの家庭に養子に出されたアジアや東欧の子どもたちの研究においても、孤児院に長期間入っていた子ども（17人）は、孤児院に入っていない子ども（28人）と比較して扁桃体の容積が大きかったということです。[55]

海馬に関しては、身体的・性的虐待に起因するPTSDの成人患者（17人）は、健康な成人（17人）と比べて、左海馬の容積が小さいことがわかっています。[56] また、ACEスコアが「3以上」の人（31人）は「0」の人（89人）に比べて、左海馬のある領域の容積が小さいことも報告されています。[57] さらに、うつ病に関するある縦断的研究では、ACEス

図1-6　マルトリートメントが脳へおよぼすダメージ

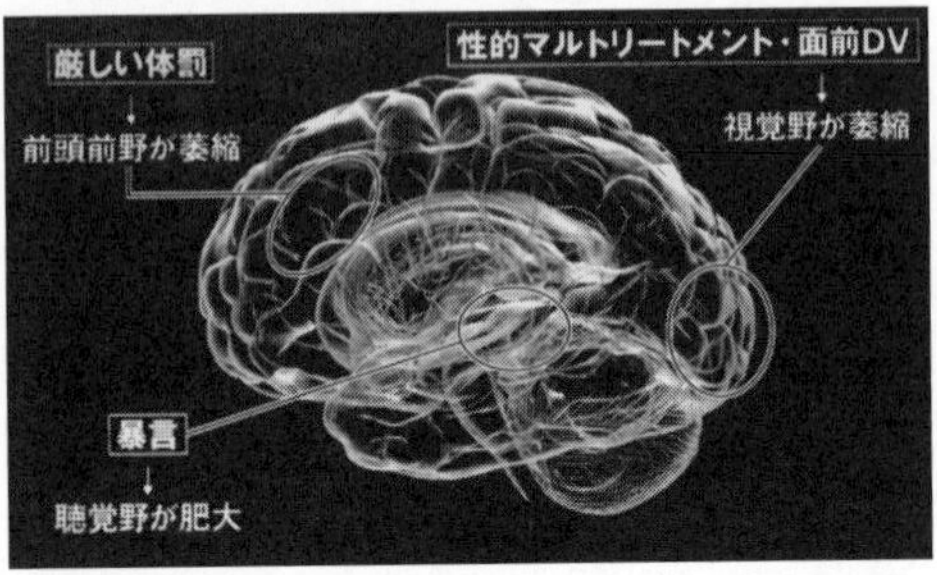

出所：友田（2017: 106）の図2-21

コアが海馬の容積の縮小を媒介してうつ病の発症に関連する可能性が示唆されています。[58]

〈マルトリートメントが脳を傷つける〉

ACEが脳に与えるダメージに関しては、日本人研究者である友田明美氏も重要な研究知見を発表しています。

その著作の一つ、『子どもの脳を傷つける親たち』の一部を紹介しましょう（図1-6がまとめ[59]）。この本によると、18〜25歳のアメリカ人男女を対象に、頻繁に身体的虐待を受けたグループ（23人）と身体的虐待の被害のないグループ（22人）の脳を比較したところ、前者は感情や思考をコントロールし、行動抑制力に関わる**「前頭前野」の部分の容積が小さい**という結果が得られました。やはり他の研究でも示されているように、身体的虐待は人が人として生きていくために大切な脳の部分を萎縮させているのです。

また、他の脳領域に関しても興味深い知見があります。子ども期に性的虐待を受けた経験のあるアメリカ人女子学生（23人）は健常な女子学生（14人）に比べ、後頭葉にある**「視覚野」の容積が小さい**という結果でした。苦痛を伴う記憶を呼び起こさないように、無意識下の適応が行われたのではないかと考察されています。こうした視覚野の萎縮は、18〜25歳のアメリカ人男女のうち、子ども期に両親間のDVを長期間目撃したグループ（22人）と、目撃しなかったグループ（30人）を比較した場合にも確認されました。

さらに、18歳までに心理的虐待（暴言）を受けたグループ（21人）は、虐待被害のない健常なグループ（19人）に比べて、側頭葉にある**「聴覚野」の一部の容積が大きい**ことも示されています。これは、繰り返し浴びせられる言葉の暴力によって、脳の中で行われるシナプスの刈り込み（神経伝達を効率化するための剪定のような現象）が正常に行われず肥大化したと考えられるとのことです。

†メカニズム③――エピジェネティックな変化

ここまで、ＡＣＥが心身の疾患をもたらすメカニズムの可能性として、内分泌系・免疫系の混乱や脳の適応的変化について見てきました。昨今では、「エピジェネティックな変化」についても注目が集まっています。

「エピジェネティクス」とは、DNAの塩基配列の変化を伴わない、遺伝子発現を制御する仕組みや、その学問領域のことをいいます。[60] 私たちの身体は約60兆個の細胞でできており、細胞の核の中に二重らせんの形をしたDNAがあります。このDNAには、A（アデニン）、T（チミン）、G（グアニン）、C（シトシン）という4種類の塩基があり、この塩基配列により、すべての遺伝情報（ゲノム）が記録されています。

このゲノムに「後から（上に）」（＝エピ epi）付け加えられた化学修飾を「エピジェネティクス修飾」と呼び、これが規定する遺伝情報を「エピゲノム」といいます。このエピゲノムが、遺伝子発現をコントロールしていると考えられています。親から子どもへと受け継がれるゲノム自体は生涯変わりませんが、エピゲノムは後天的なものであり、環境によって変化しうるところが重要なポイントです。すなわち、**ある遺伝子が発現するかしないかは、環境によって「オン」になったり「オフ」になったり、変わりうる**ということです。

通常、遺伝情報は「DNA→（転写）→mRNA→（翻訳）→タンパク質」の順に伝達されると考えられています。つまり、DNAの遺伝情報は、いったん介在物であるmRNA（メッセンジャーRNA）に写し取られ（転写）、つづいてこのRNAを設計図としてタ

図1-7　DNAのメチル化のイメージ

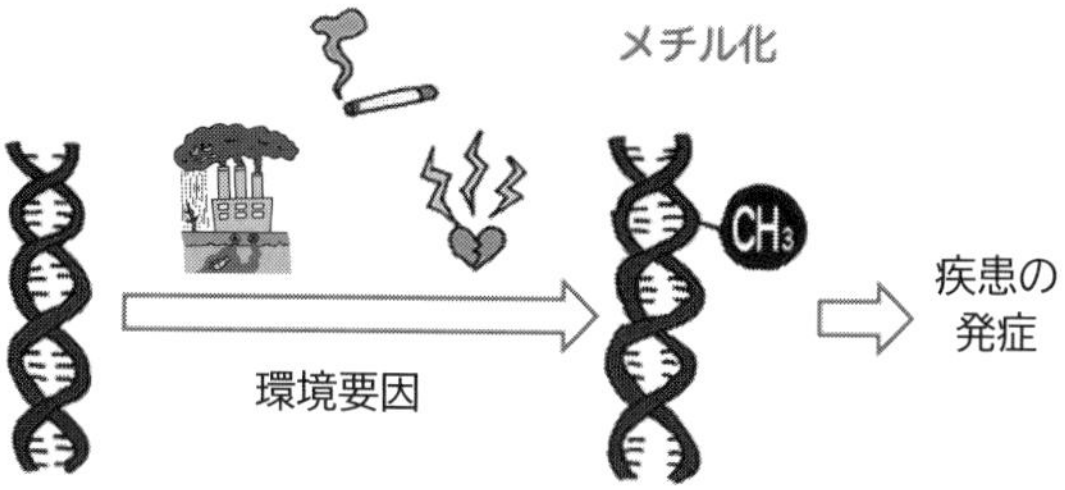

ンパク質が作られる（翻訳）、というプロセスを経ることで、遺伝形質が発現するのです。このプロセスの「転写」に関わるのが、エピジェネティクス修飾です。主要なものに「ヒストン修飾」と「DNAのメチル化」がありますが、ここで取り上げたいのは「DNAのメチル化」です。[c]

DNAを構成する4種類の塩基のうち、C（シトシン）だけがメチル化修飾を受けます（図1-7）。シトシンがメチル基（$-CH_3$）の付加、すなわち「メチル化」すると、本来ならば結合できるはずの転写因子が結合できなくなります。あるいは、メチル化されたシトシンに特異的に結合するタンパク質が引き寄せられます。いずれの場合も、DNAの塩基配列を読み取る転写因子が機能できなくなり、転写が抑制されてしまうのです。つまり、**DNAがメチル化されると遺伝子発現が抑制され、その働きが「オフ」**になります。逆に、メチル基が失われ「脱メチル化」すると、転写が活性化し遺伝子の働きが「オン」になります。

〈ACEによるDNAのメチル化〉

では、こうしたエピジェネティックな変化は何によってもたらされるのでしょうか。これまでの研究では、低栄養、薬剤、環境化学物質、精神的なストレスなどが、エピジェネティクス修飾を変えることがわかっています。こうした種々の環境要因に身体が適応しようとして、特定の遺伝子の働きをオン、もしくはオフにするのです。

ACEは、まぎれもなく多大なストレス要因です。ACEによって、エピジェネティックな変化が起きる可能性を示す研究知見がこれまでに発表されています。とくに、**「DNAのメチル化」に関するエビデンスが最も多い**です。[61]

たとえば、乳児期を通して激しい身体的虐待や性的虐待などを受けた被験者の死後の脳サンプルを使った研究では、海馬の362の遺伝子プロモーター（遺伝子の転写を始める領域）にメチル化が確認されました。[62] また、成人の全血DNAを用いた研究では、子ども期を通して虐待を受けていた人において、997の遺伝子プロモーターにメチル化が確認されました。[63] これらの遺伝子のほとんどは、転写の調節と発達に関連する、細胞のシグナル伝達の重要な経路に関与するものでした。さらに6〜15歳に親から身体的虐待を受けていた成人男性のT細胞（リンパ球の一種である免疫細胞）に注目すると、448個の遺伝子プロモーターがメチル化されていました。これらの遺伝子のほとんどは、攻撃的な行動において重要な役割を果たすものだということです。[64]

施設入所によって親との別離を経験した子どもたちにおいても、DNAのメチル化が確認されています。たとえば、施設に収容された子どもは生物学的親によって育てられた子どもに比べて特異的にメチル化された遺伝子があり、そのほとんどは免疫反応や細胞シグナル伝達に関与するものでした。[65]

また、特定の遺伝子のメチル化にも注目されています。その一つが、NR3C1（グルココルチコイド受容体遺伝子）です。この遺伝子は、海馬組織にあり、GR（グルココルチコイド受容体）を活性化することによって、HPA軸（視床下部-脳下垂体-副腎皮質軸）の「負のフィードバック」を制御する働きがあります。なので、この遺伝子の働きがメチル化によってオフになると、永続的な神経内分泌の障害（コルチゾール分泌の変化）が生じる可能性が考えられます。

実際に、健康な成人の白血球DNAを用いた研究では、子ども期の親による虐待や親の喪失、不十分なケアが、NR3C1のプロモーターのメチル化の増加と関連することが示されました[66]。さらに、このメチル化は、神経内分泌のテストに対するコルチゾール反応の鈍化と関連したということです。つまり、**ACEによってNR3C1の働きがオフになること、それによってHPA軸がうまく機能しなくなることが示唆される**のです。

このように、人間の身体は過度なストレスを長期反復的に受ける環境下で、エピゲノムの形が変わり、あるいは脳の構造や機能が変化し、内分泌系・免疫系システムに異常をきたすことによって、心身の疾患が生じやすくなると考えられています（以上が、**生物学的メカニズム**）。私たちの身体はさまざまな機構によって制御され、調和を保っているのですが、ACEがもたらす毒性ストレスはこの精巧な人体システムを狂わせ、生涯にわたって心身の健康に害悪をもたらしうるのです。

また、ここで示した生物学的メカニズムのほかに、ACEが成人期の健康に影響を与える経路には、**心理社会学的メカニズム**もあると考えられています[67]。

その一つは、**ACEから生じる毒性ストレスに対処するための不健康な生活習慣やリスクが高い行動（喫煙、飲酒、過食など）をとることで、不健康がもたらされるという経路**

です。これは、心理的なストレス対処としてのコーピング方略や自己制御として理解されます。

またもう一つは、**ACEにより社会経済的地位が低くなることによって不健康がもたらされるという経路**です。不健康なライフスタイルの採用だけでなく、自らが置かれた社会経済状況の悪化は、不健康を引き起こす強力なリスク要因だと考えられています。[68]

では、ACEサバイバーの人たちは、どういった社会経済状況に置かれやすいのでしょうか。次章では、ACEサバイバーの成人後の社会経済的地位に注目して、ACEの長期的影響を捉えていくことにします。

▼補論①――ACEと犯罪の関連

ACEが心身の健康に害を及ぼすことは理解していただいたと思いますが、その影響が反社会的な行動となって顕在化するケースもあります。実際に、ACEと犯罪行為の関連はいくつかの研究で示されています。

たとえば2014年に発表された論文によると、アメリカ・フロリダ州の少年鑑別所の6

万4329人を対象とした調査によって、一般人を対象としたオリジナルなACE調査よりもはるかに高いACEの経験率が確認されました。[69] ACEスコアが「1以上」の少年犯罪者の割合は97％（オリジナルなACE調査では64％）、さらにACEスコアが「4以上」の少年犯罪者の割合は50％（オリジナルなACE調査では13％）に及びました。つまり、**調査対象となった少年犯罪者の半分に、4つ以上のACEの重なり**があったのです。

ACEは、被害を受けた本人の心身の健康を蝕むだけなく、他者や社会に対する加害者を生みだしてしまう側面もあるのです。

▼補論②——ACE研究の留意点と課題

ACE研究には、方法論的に考慮されるべき課題があります。

第1に、「累積リスクモデル」の問題です。ACEスコアは、子ども期に曝された逆境体験の「量」を表す尺度です。またここでは、すべての逆境への曝露が等価のものとして扱われています（性的虐待も1、親との離別も1です）。このようにきわめてシンプルな測定を行うことで、本質的に複雑な現象を「用量反応関係」としてわかりやすく理解できますし、逆境の重なり（共起）を経験する、とくに深刻な状況に置かれていた人を特定できるという利点があります。

しかし、ACE自体は本来、多種・多次元的なものです。個々の逆境体験の種類、逆境に曝露された年齢やその曝露の頻度や期間、深刻度といった次元も無視できるものではありません。実際に、ACEの種類によってダメージを受ける脳領域が違いますし、[59] 個々のACEがメンタルヘルスの問題に異なる効果をもつことを示す研究もあります。[16] ACEの悪影響をより的確に把握し、その害を軽減するための具体的な方策を明らかにするためには、ACEの種類や次元にも注目して、アウトカムに与えるそれらの独自の効果を詳しく検討する研究が今後求められます。

第2に、「想起バイアス」の問題です。多くのACE研究では、成人である調査対象者に、18歳になるまでに逆境体験があったかどうかを回顧し、自己報告してもらいます。対象者によって、思い出された記憶の正確さには違いがあり、それによって測定上の誤差（想起バイアス）が生じる可能性があります。回顧的記憶は年齢や性格特性、知識量、苦難の程度、現在の状況等の影響を受けると考えられます。想起バイアスを少なくする方法（長期追跡調査の実施など）の模索や、想起バイアスが生じにくい年齢層の検討などが必要です。

第3に、ACE尺度の「文化差」の問題です。各ACE項目の経験率は文化によって異なり、たとえば「家族の服役」を経験した人は、日本ではアメリカほど多くないでしょう。どの逆境体験に注目することが重要かは、国や文化圏ごとに考えられるべきです。現在はアメリカで用いられているACE尺度を援用することが多いですが、日本独自のACE尺度の考案と検証も今後の課題です。

a　ネグレクトに関する質問項目は、第2波（1997年調査）で用いられた。また、オリジナルのACE調査では、近親者間暴力ではなく、母親への暴力が扱われている。日本語訳は、Felitti et al. (2018)[3] とナカザワ（2018）[70] を参考とした。

b　逃げ出せなかったり、押さえつけられたりして「闘争‐逃走反応」ができないとき、自律神経系では究極の緊急系である背側迷走神経が活性化され、エネルギーの消耗をできるだけ少なくして身を守ろうとする「凍りつき」が起こると「ポリヴェーガル理論」では説明される。[71] ステファン・ポージェスが提唱した「ポリヴェーガル理論（多重迷走神経理論）」は近年、トラウマの治療法にも影響を与える神経生物学の理論である。

c　DNAに巻き付くヒストンというたんぱく質がアセチル化やメチル化といった修飾（ヒストン修飾）を受けると、転写が活性化したり不活性化したりする。

第２章

ＡＣＥの社会経済的地位への影響

1　ACEによる学歴・就労・収入への影響

†低学歴・失業・貧困をもたらすACE

医学領域で注目され、急速に発展してきたACE研究ですが、**ACEサバイバーは脆弱な心身をもちやすいだけでなく、脆弱な社会経済状況にも置かれやすい**ことが最近の研究から明らかにされています。社会経済的地位（socioeconomic status: SES）として一般的に用いられる指標が、学歴と職業、そして収入です。

ACEとその後の学歴・職業・収入の関係を捉える研究は、少ないながらも増えてきています。

たとえば、子ども期の虐待・ネグレクトは、成人の失業に影響することや[1,2]、貧困や健康保険の非加入とも関連していることが[2]わかっています。また、子ども期に虐待・ネグレクトを受けた経験をもつ成人は、比較対照群と比べて、教育水準が低く、労働によって得る収入が少なく、資産が少ない傾向があることもわかっています。[3] さらに、思春期に家庭内外で暴力に曝されていた人は、教育達成度が低くなったり、成人後の雇用的地位や収入が低くなったりするリスクが高いという結果も報告されています。[4][5]

これらの研究は、いずれもサンプルが特殊なケースであったり、ACEとして扱われているのが虐待・ネグレクトや暴力への曝露のみであったりと、一般化には限界がありました。

こうした研究に対して、注目すべきは、CDC（米国疾病予防管理センター）に勤めるマリリン・メッツラーらの研究です。彼女たちは、包括的なACE尺度を用いて、ACEと成人後の社会経済的地位（SES）の関連を捉えようとしました。使用されたのは、2010年のBRFSS（行動危険因子監視システム）による2万7834人のデータです。この研究ではACEとして、身体的虐待、心理的虐待、性的虐待、親の別居・離婚、近親者間暴力の目撃、家族の精神疾患、アルコール・薬物乱用、服役の8つが扱われました。その結果、**ACEスコアが高いほど、「高校中退」「失業」「貧困」になるリスクが明らかに高い**ことが示されたのです。[6]

この調査結果を示した図2－1をご覧いただくとわかるように、ACEスコアが「0」

図2-1　ACEスコアごとの社会経済的地位の調整オッズ比

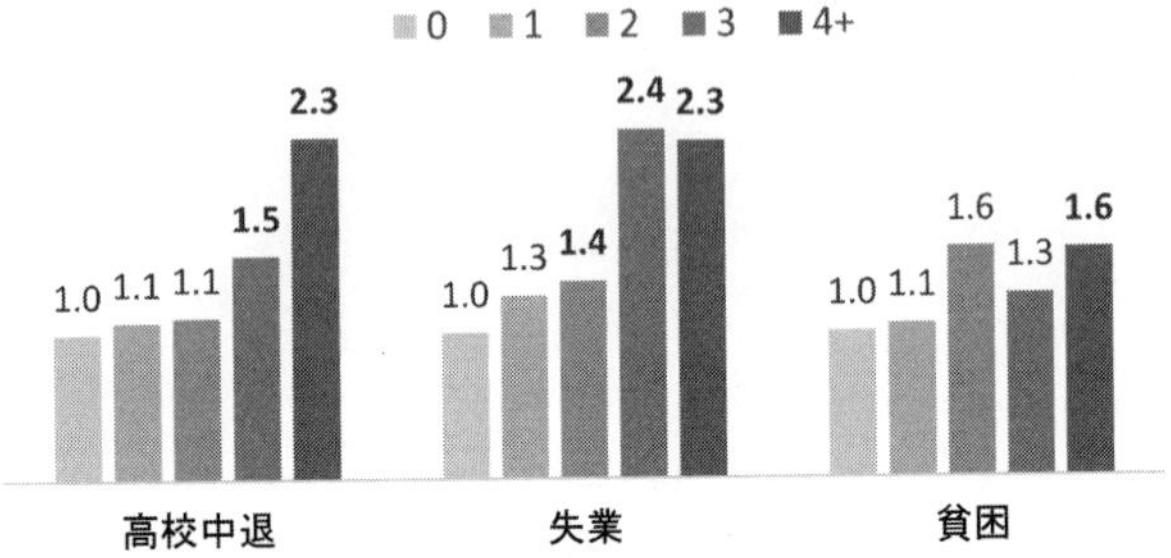

注：年齢・人種・性別・学歴を統制（高校中退は学歴を除く）。太字は5％水準で有意
出所：Metzler et al.（2017）をもとに筆者作成

の人と比べると、「4以上」の人の場合、「高校中退」に2・3倍なりやすく、「失業」に2・3倍なりやすく、「貧困」（連邦貧困線未満）に1・6倍なりやすくなっています。

逆境を重ねて経験したACEサバイバーは、脆弱な心身をもちやすいだけでなく、教育達成や仕事、経済的な面において不利な状況に置かれやすいといえそうです。

†なぜACEは低階層をもたらすのか？

ではなぜ、ACEはその後の低学歴や失業、貧因にまで影響を与えるのでしょうか。

現状では、ACEの社会経済的影響を検討する研究は始まったばかりのため、右記の問いに対する最終見解はまだ得られていません。しかしながら、こ

図2-2　ACEと成人期の低SESの関連

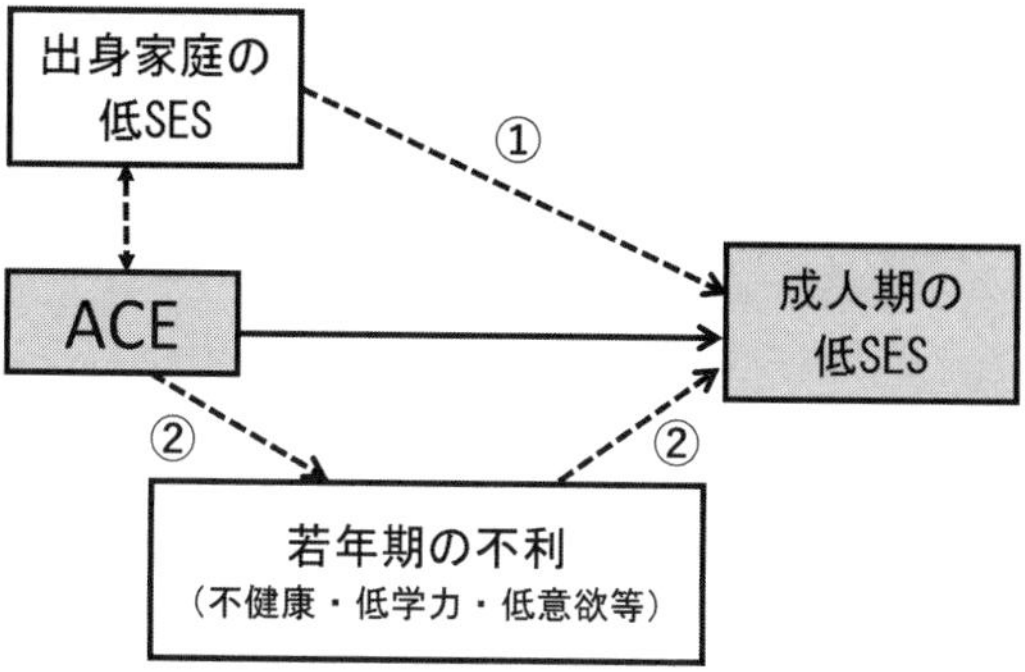

れまでの研究知見から考えうる仮説が2つほどあります。この仮説を簡単に図示したのが図2－2です。

①出身家庭の低SES仮説

まず、「ACEが経験されやすい低SES家庭出身であることが、成人期の低SESに影響する」という仮説が考えられます。

社会階層とは、学歴・職業・収入といった資源の量によって序列化された、社会経済的地位（SES）のヒエラルキーをいいます。大学に進学したり、安定した仕事を得たり、高い所得を得たりといった**人生における機会（life chance／ライフチャンス）は人々の間で均等に配分されておらず、出身家庭の社会階層によってその配分が大きく規定されている**ことが、社会学（とくに社会階層論）の多くの研究からわかっています。

たとえば、親が大卒であると子も大卒になりやすい、親が専門職であると子も専門職になりやすいといった、出身階層と到達階層の関連パターン（「階層の再生産」の傾向）がいつの時代にも変わらず存在しています。[7,8,9,10] また、「子どもの貧困」についての研究からも、親の貧困が子の貧困に継承されるという「貧困の連鎖」が実際に生じていることが指摘されています。[11,12] こういった数えきれないエビデンスを踏まえると、成人後に低SESになる背景には、当然、出身家庭のSESの影響を考慮する必要があるでしょう。

ですが先ほどのメッツラーらの調査研究では、出身階層の影響が分析上考慮されていません。もしかしたら、子どもへの虐待や近親者間暴力、依存症などが発生する家庭では、親の学歴が低かったり、仕事を失っていたり、十分な収入を得ていないといった厳しい社会経済状況が背景にある可能性も考えられます。

この考えを根拠づける研究がいくつかあります。たとえば、ACEスコアと成人期の低SES（高卒未満の学歴、貧困、逮捕、保険未加入）の関連は、子ども期の世帯の低収入の影響を考慮すると弱められることがわかっています。[13] また、若年成人の教育達成や雇用状況に対しては、ACEよりも親のSESのほうが、相対的に影響力が大きいという研究報告もあります。[14]

これらの研究知見を踏まえると、成人期の低SESは、ACEに起因するのか、出身家庭の低SESに起因するのか、切り分けて各要因の影響を捉えたほうがいいでしょう。ACEへの社会的対策（虐待予防等）と低SESへの社会的対策（雇用政策等）が異なることから考えても、両者の影響を混同しないことが必要です。[a]

②若年ACEサバイバーの不利仮説

次に、「より多くのACEに曝された若年ACEサバイバーは、認知的・身体的・心理的な不利を抱える結果として、成人期に低階層になりやすい」という仮説が考えられます。

第1章で詳しく示したように、ACEがもたらす長期反復的な有毒ストレスは、ストレス反応システムや脳の構造・機能、エピゲノムなどを変化させることによって、健全な発達を阻害し、さまざまな身体的・精神的疾患を引き起こしうると考えられます。最近の研究では、子どもが成人になる前に、すでにACEが子どもの発達や健康に深刻な影響を与えうることがわかっています。

ACEと子ども期の健康の関連についての35研究をレビューした論文では、**ACEが認められる子どもたちは、認知発達の遅れ、喘息、入院を要する感染症、身体的愁訴（頭痛、**

吐き気、めまい、疲労感等）、睡眠障害の症状が出る可能性が高いことが報告されています。[15]つまり、授業についていけない、勉強ができない、なんだか身体がしんどい、そもそも朝起きられない、といった状態を、若年ACEサバイバーが経験しやすいということです。

加えて、ACEのある環境で育った人は、社会的に良いとされる目標に否定的になったり、教育や仕事への意欲が低くなったりする傾向があることも指摘されています。[16]目の前の課題に挑戦するやる気や、より良い環境を求めたりする気持ちは、ライフチャンスの獲得の基盤となりますが、若年サバイバーはそうした意欲をもちづらくなっているといえるでしょう。

こうした認知的・身体的・心理的な不利を抱えている状態だと、学校生活への適応が難しくなることが容易に想像されます。学校生活を支障なく過ごすこと自体が困難となれば、その先にある受験・進学はハードルの高い取り組みとなりえます。

高校や大学に進学できない（しようとも思わない）、進学しても中途退学する、ということになれば、最終学歴は中卒や高卒となります。こうした学歴の人たちが、安定した仕事や収入を得られる社会であれば問題ないですが、残念ながら、学歴によるその後のライフチャンスの格差がこの日本社会にはあります。中卒・高卒などの非大卒層は、大卒層に比べて、雇用が不安定であったり、収入が低かったりする傾向が歴然と存在します。このように大卒／非大卒という境界によってさまざまな格差が生じてしまっている社会を、教育社会学者の吉川徹氏は「学歴分断社会」と呼んでいます[17,18]。

すなわち、ACEサバイバーが学力面や健康面、精神面に支障を抱えることで進学・就職のチャンスを摑みとれず、その結果として青年期・壮年期に不安定な収入状態や雇用環境に置かれる可能性があるのです。

2　日本人におけるACEの分布

†全国2万人データからACEをみる

では実際に、日本でACEと成人後のSESに関連はあるのでしょうか。この点を、日本で得られた大規模社会調査データで確認していきましょう。

用いるデータは、「**生涯学ＷＥＢ調査**（Lifelong Sciences Web-based Survey）」によるデータです。[b] この調査は、国から研究費助成を受けた「生涯学」（20H05805）というプロジェクト研究の一環として行われ、２０２１年2月20〜25日に京都大学によって実施されました。本書ではこれ以降、この調査データを「**ＬＳＷデータ**」と呼びます。

回答者は、**全国に居住する20〜69歳の男女2万人**です。調査会社が保有するインターネット調査モニターから調査協力者が募集され、住民基本台帳（２０２０年1月1日）の母集団構成比（47都道府県×2性別×5歳刻み年齢10層＝９４０セル）に基づいてサンプルが割り当てられました。すべての割当枠（セル）で有効回答者が埋まり、合計2万人になるまで回答が集められました。

インターネット調査に関しては、回答者の偏りや、虚偽回答による信頼性の低下といった問題がしばしば指摘されます。本データもこうした問題と無縁ではありませんが、割り当てのカテゴリーを細かく設定したり（９４０セル）、信憑性の乏しい回答（回答時間が極端に短かったり、論理的な矛盾があったりした回答）を除いたりして、データの質を上げるよう出来る限り努めました。

限界はありますが、ＬＳＷデータにはＡＣＥの実態を捉えるうえで強みがあります。

表2-1　LSWデータに含まれるACE項目

あなたが18歳になるまでの間に、以下の経験をしたことがありましたか。（○はいくつでも）		
1	親（あるいは同居する大人）から、叩かれたり、物を投げつけられたり、殴られたりした	身体的虐待
2	親（あるいは同居する大人）から、傷つくことを言われたり、侮辱されたりした	心理的虐待
3	親（あるいはあなたより5歳以上年上の人）から、性的な行為をされた	性的虐待
4	親が必要なこと（食事や日用品の用意、病気のときに医者にみせることなど）をしてくれなかったことがあった	身体的ネグレクト
5	あなたは、家族の誰一人としてあなたのことを大切に思っていないと感じていた	心理的ネグレクト
6	親が別居または離婚をした	親との別離
7	親が亡くなった	親の死亡
8	母親が、父親（あるいはパートナー）から暴力を受けていた	母親への暴力
9	家族（あるいは同居する人）に、アルコールの問題を抱える人や、違法薬物を使用する人がいた	家族のアルコール・薬物乱用
10	家族（あるいは同居する人）に、うつ病などの精神疾患をわずらっている人や、自殺・自殺未遂をした人がいた	家族の精神疾患・自殺

第1に、ここで用いられた調査票には、フェリッティらがACE調査で用いたオリジナルなACE項目に類似する質問項目が採用されています（表2-1）。筆者が知る限り、日本においてこれほどACE項目について質問した、二次利用可能な全国調査データはありません。

第2に、インターネット調査でこそ、ACEというきわめてデリケートな質問項目への回答が望める可能性があります。対面式の面接調査や、回答用紙を同居家族に見られてしまうおそれのある留置調査や郵送調査では、ACEについて回答しにくいと考えられます。

第3に、学歴や雇用状況、収入といっ

た、社会科学分野でよく扱われるSES項目への回答も得られています。これによって、ACEと成人期SESの関連を捉えられます。[d]

第4に、（これは特筆すべきですが）2万人という大規模サンプルの分析が可能です。

これらの点を総合すると、LSWデータは、ACEサバイバーの社会経済的地位にも目を向けるACE研究にとって、きわめて貴重なデータだといえます。本書ではこれ以降、LSWデータを用いた分析結果を紹介していきます。[e]

†日本全国におけるACEの分布

まず、いったいどれだけの人がACEを経験しているのかを確認しておきましょう。表2-1の各項目に対し、○をつけた人数およびその割合を示したのが、図2-3です。経験率が最も高いのが身体的虐待（24％）であり、最も低いのが性的虐待（1％）となっています。

つづいて図2-4は、ACEスコアの分布を示したものです。ACEスコアが「0」の人が約6割ですが、**「1以上」の人が約4割（38％）いる**ことがわかります。より詳しく見ると、「1」の人が約2割（19％）、「2」の人が約1割（11％）、「3以上」の人が1割弱

図 2-3　各 ACE 項目への回答分布

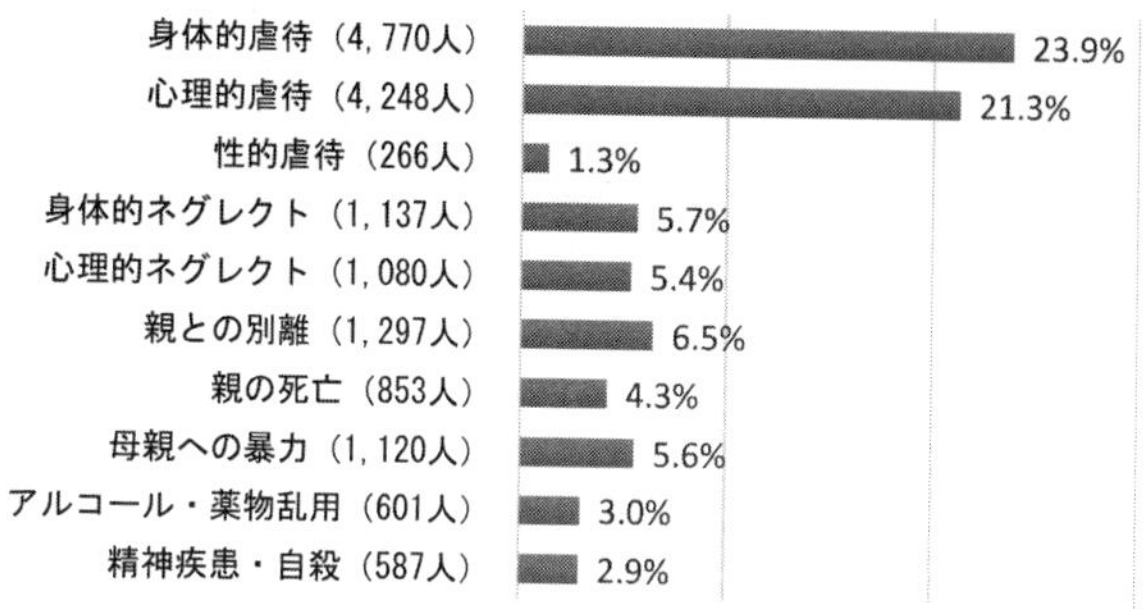

注：n=19,965

図 2-4　ACE スコアの分布

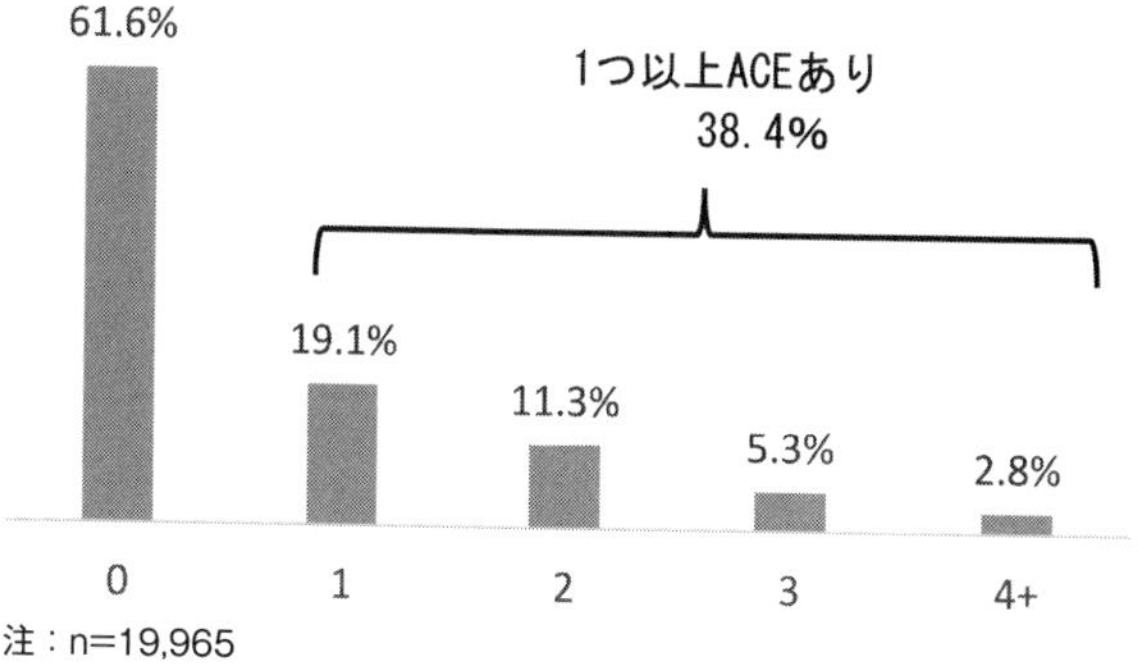

注：n=19,965

（8％）となっています。**「4以上」の人は少ないですが、それでも約3％（557人）いることがわかります。**

フェリッティらが行ったオリジナルなACE調査では、64％の人が1つ以上のACEを経験していました。このアメリカの結果と比べると、日本のACE経験率（1つ以上ACEありの割合）は26％低くなります。しかし、それでも**3人に1人以上が、子ども時代に何らかの逆境を経験している**といえます。

なお、ACE経験率を男女別で見ると、男性は37％、女性は44％でした。**明らかに女性のほうが7ポイントほど高い**結果となっています（1％水準で有意差あり）。

女子がACEに曝されやすい社会構造的な理由があるのか、それとも女性のほうがACEを表明しやすいのか、ACEを経験した女性がこうした調査に回答しやすいのか、原因は特定できません。しかしこの調査データでは、ACEサバイバーの女性比率が高いことを踏まえておく必要があります。

表2－2は、ACEスコアが「1以上」の人が該当した各ACE項目の内訳を示したものです。たとえばACEスコアが「1」の人の約4割（37％）は身体的虐待を、約2割（22％）は心理的虐待を受けています。一方、「4以上」の人の約9割は心理的虐待（94％）

表 2-2　ACE が 1 つ以上の人の各 ACE 経験率（%）

	ACEスコア			
	1 (3, 805人)	2 (3, 805人)	3 (1, 058人)	4+ (557人)
身体的虐待	36. 7	73. 5	80. 5	87. 8
心理的虐待	21. 6	72. 7	83. 6	93. 9
性的虐待	0. 7	2. 0	5. 3	6. 6
身体的ネグレクト	3. 9	8. 1	24. 9	45. 6
心理的ネグレクト	3. 6	7. 9	22. 9	44. 2
親との別離	11. 9	10. 5	22. 6	33. 6
親の死亡	12. 3	6. 3	11. 2	10. 2
母親への暴力	3. 2	9. 1	27. 7	44. 3
アルコール・薬物乱用	3. 0	4. 6	11. 5	16. 9
精神疾患・自殺	3. 1	5. 3	9. 9	16. 9

や身体的虐待（88%）を受けており、半数弱が身体的ネグレクト（46%）や心理的ネグレクト（44%）、母親への暴力の目撃（44%）を経験しています。

　つまり、今回の調査データで把握されたACEサバイバー、それも**とくに逆境の重なりを経験している人たちは、主に心理的・身体的虐待の被害者**といえます。

†ACEと健康指標の関連

　ACEと心身の不健康の関連は日本の疫学研究でも明らかになっていますが（第1章参照）、このLSWデータでも確認しておきましょう。

　図2-5では、ACEスコアごとの、病気

図2-5　ACEスコアごとの心身の不調の調整オッズ比

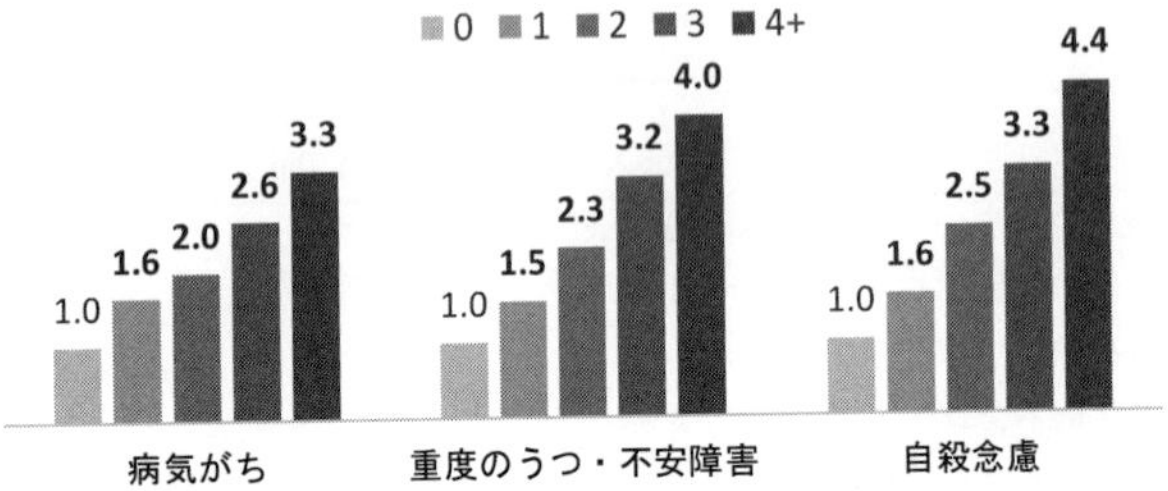

注：年齢・性別・子ども期の貧困・父非大卒・母非大卒を統制。太字は5%水準で有意

がち（とても当てはまる／やや当てはまる）、重度のうつ・不安障害（「K6」という指標が13点以上）、自殺念慮（過去1年の間に「自殺をしたい」と考えたことがあった）に該当する調整オッズ比を示しています。

なお以下の分析結果ではすべて、年齢、性別、子ども期の貧困（15歳時に、貧しい／やや貧しい）、父非大卒、母非大卒の影響が除去されています（それらの要因が影響しないようにしている、ということです。その理由は後ほど詳しく説明します）。

図2－5では、**ＡＣＥスコアが「0」の人と比べて「4以上」の人は、「病気がち」に3・3倍、「重度のうつ・不安障害」に4・0倍、「自殺念慮あり」に4・4倍なりやすい**という結果になっています。[f]

この図では明らかに、ＡＣＥスコアが高くなるにつれて、調整オッズ比の値も高くなっています。ＡＣＥと不健康の「用量反応関係」がはっきりと見られます。簡易的な指標によって大まかに心身の不調を捉えたにすぎませんが、**逆境をより多く経験したACEサバイバーは、身体的な病気やうつ・不安症状や自殺念慮を抱えながら現在暮らしている可能性が高い**ことが、このLSWデータから浮かび上がります。[g]

3　ACEサバイバーの社会経済的地位

†ACEスコアごとの学歴・就労・収入

では、ACEと成人後の社会経済的地位の関連について見ていきましょう。

図2-6は、低SES指標である、①中卒、②高卒、③失業（求職中）、④非正規雇用、⑤貧困（等価所得の中央値の半分未満）、⑥世帯年収300万円未満の割合を、ACEスコアごとに比較したものです。全体・男性・女性それぞれで結果を示しています。

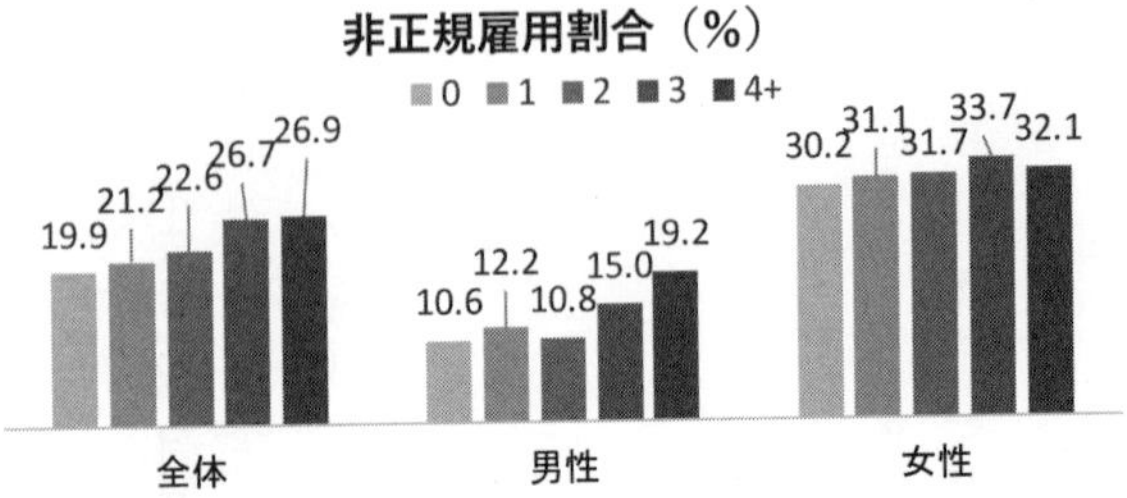
非正規雇用割合（%）
0 1 2 3 4+
19.9 21.2 22.6 26.7 26.9
10.6 12.2 10.8 15.0 19.2
30.2 31.1 31.7 33.7 32.1
全体
男性
女性

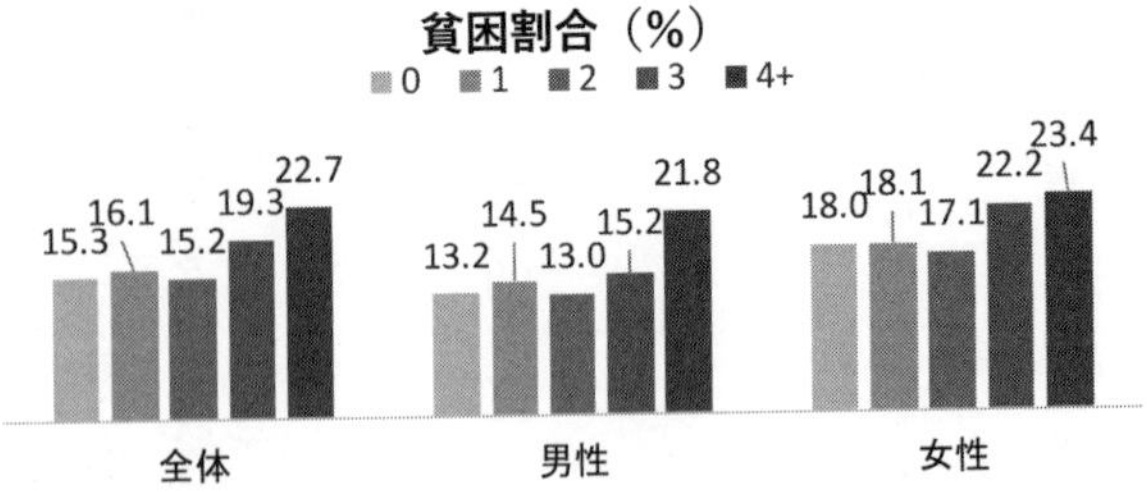
貧困割合（%）
0 1 2 3 4+
15.3 16.1 15.2 19.3 22.7
13.2 14.5 13.0 15.2 21.8
18.0 18.1 17.1 22.2 23.4
全体
男性
女性

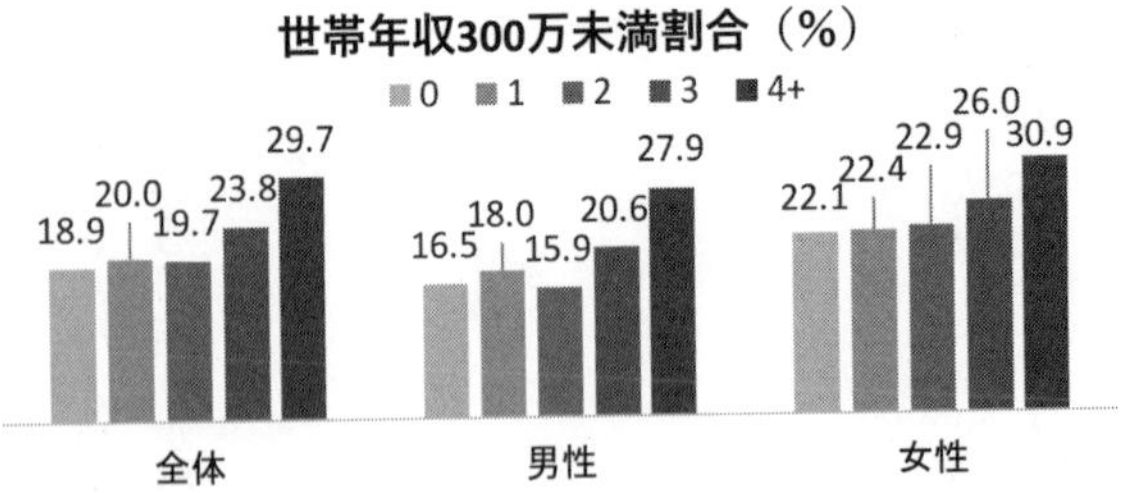
世帯年収300万未満割合（%）
0 1 2 3 4+
18.9 20.0 19.7 23.8 29.7
16.5 18.0 15.9 20.6 27.9
22.1 22.4 22.9 26.0 30.9
全体
男性
女性

図 2-6　ACE スコアごとの各社会経済的地位の割合

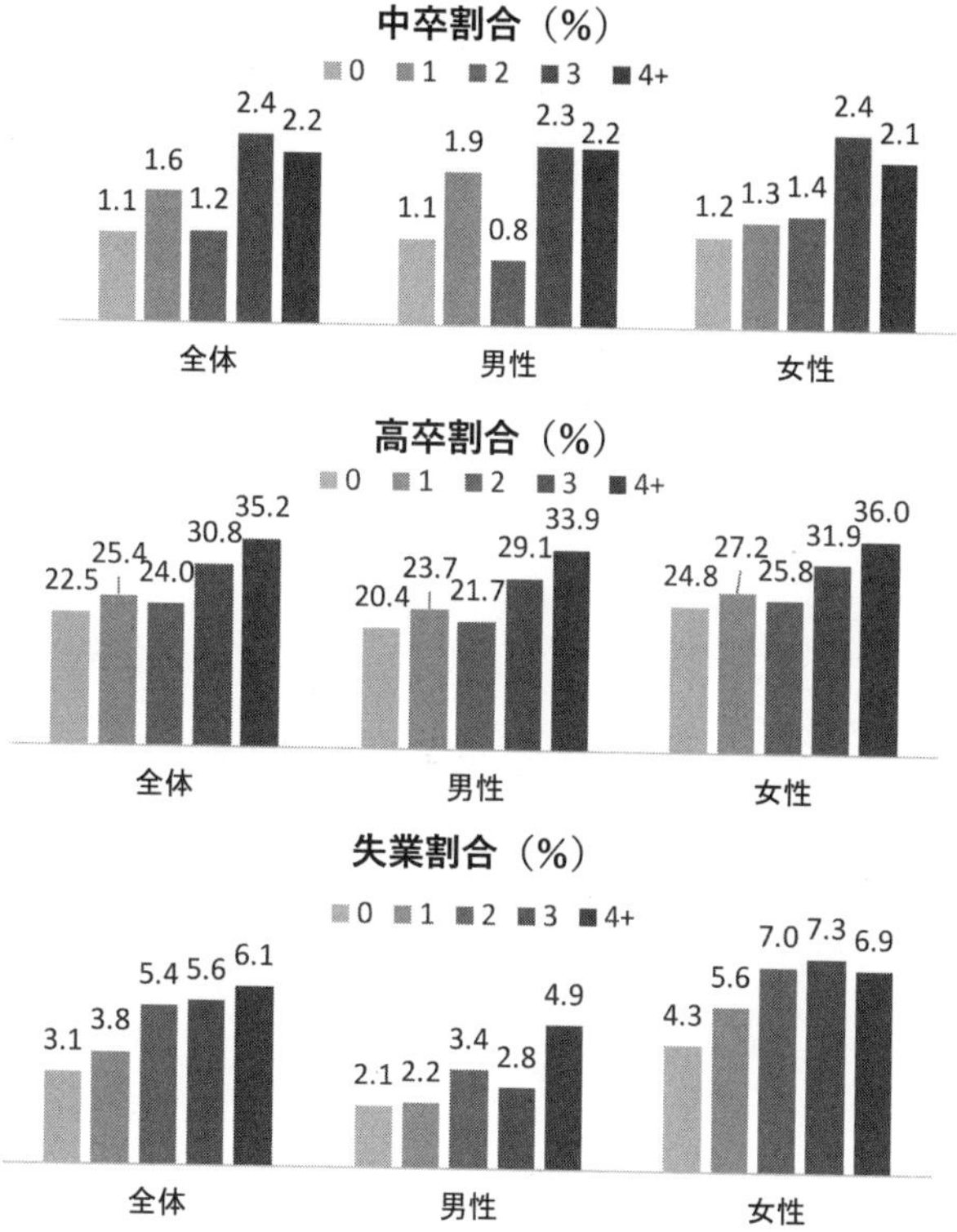

一番左の列の「全体」の結果を見ると、ＡＣＥスコアが「０」の人と比べて「４以上」の人は、「中卒割合」と「失業割合」が約２倍となっています。また、「０」の人と比べて「４以上」の人は、「高卒割合」と「世帯年収３００万未満割合」が10ポイント以上高く、「非正規雇用割合」と「貧困割合」が７ポイント程度高くなっています。すなわち、日本の全国調査データからも、逆境を重ねて経験したＡＣＥサバイバーは、低学歴、失業、非正規雇用、貧困、低収入になりやすいことが示唆されます。

†出身階層の影響か？　ＡＣＥの影響か？

ＡＣＥと成人後の低ＳＥＳには関連がありそうです。しかし先述した「出身家庭の低ＳＥＳ仮説」によれば、ここで見られた関係には、背後に出身家庭の階層的要因が影響している可能性が考えられます。

図２‐７は、ＡＣＥスコアごとに「子ども期の貧困」と「父非大卒」「母非大卒」の割合を示したものです。ここでは、15歳時点での暮らし向きを「貧しい」「やや貧しい」と回答したものを「子ども期の貧困」としています。また、両親の学歴について、中卒あるいは高卒と回答したものをそれぞれ「父非大卒」「母非大卒」としています。

図2-7　ACEごとの子ども期の貧困・親非大卒の割合（%）

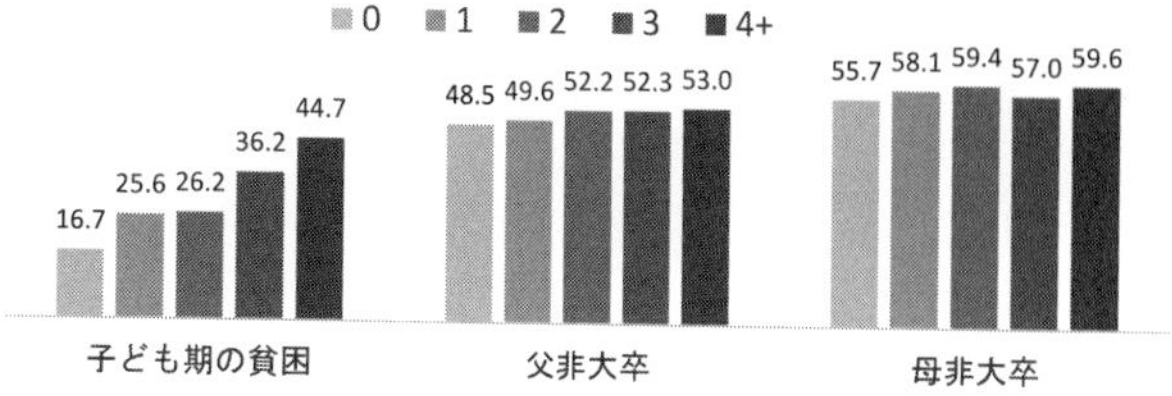

注：n=19,965. p<.01

これを見ると、**ＡＣＥスコアが高くなるほど、子ども期に貧困であると回答した人の割合が高くなる**ことがわかります。父非大卒と母非大卒の割合もおおむね、ＡＣＥスコアの上昇にしたがって高くなっています。すなわち、ＡＣＥとこれら出身家庭の低ＳＥＳは、共起しやすい現象だといえます。ＡＣＥが与える影響に、少なからず出身階層の影響が紛れ込む可能性があります。

そこで、出身階層の影響を除去したうえで、ＡＣＥが与える直接的な影響を捉えましょう。図２‐６で確認したのは、低ＳＥＳ指標に該当する人の「割合」でした。ここで見られたＡＣＥとＳＥＳの関係は、出身階層など、他の要因によって影響を受けることによって生じた「見せかけの相関（疑似相関）」である可能性もあります。この可能性をできるだけ排除するために、多変量解析という手法によって、ＡＣＥの影響の程度を算出してみましょう。

図 2-8　ACE スコアごとの社会経済的地位の調整オッズ比

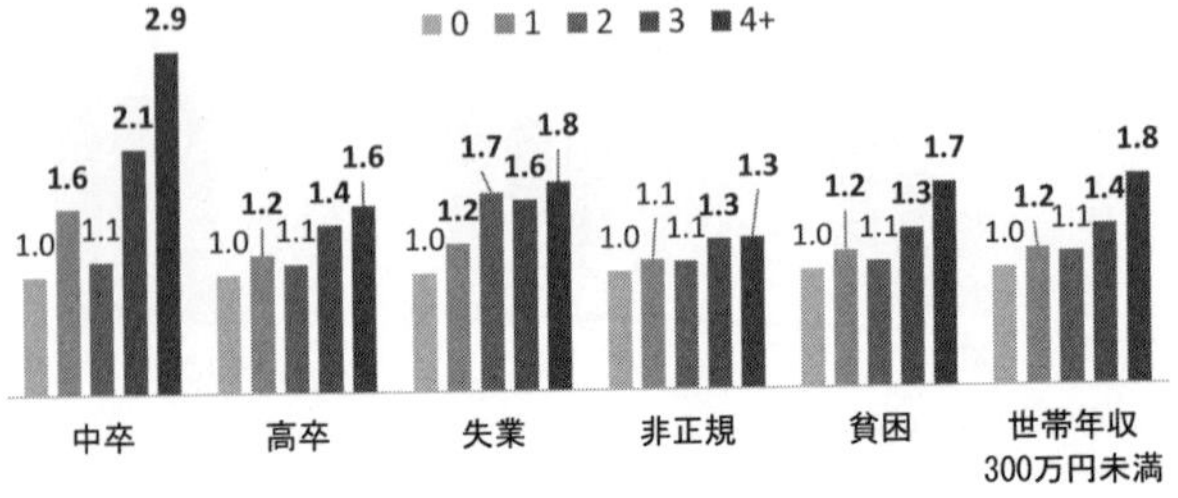

注：年齢・性別・子ども期の貧困・父非大卒・母非大卒を統制。太字は 5% 水準で有意

図2-8は、成人後の低SES指標を従属変数とした、ロジスティック回帰分析[h]の推定結果です。

これを見ると、**ACEスコアが「0」の人と比べて「4以上」の人は、「中卒」に2・9倍、「高卒」に1・6倍、「失業」に1・8倍、「非正規雇用」に1・3倍、「貧困」に1・7倍、「世帯年収300万未満」に1・8倍なりやすい**という結果が認められます。

重要なことは、今回の結果は、出身階層の影響を除去したうえで得られた結果だということです。すなわち、「生まれ育った家庭が貧しいか否か」「親が大学を出ているか否か」にかかわらず、より多くのACEを経験することは、大人になって以後の不安定な社会経済的地位につながる可能性が高いということです。**ACEサバイバーは、高等教育機関で知識・スキルを身につける機会に乏しく、安定した職に就きにくく、生涯にわたって経済**

的なゆとりをもちにくい可能性が高いのです。

ではなぜ、ACEサバイバーが低階層になりやすいのでしょうか。この点に関しては、前述した「若年ACEサバイバーの不利仮説」などが考えられます。ACEと成人期のSESの関連を媒介するメカニズムを厳密に検証するには、ACEの渦中にある子どもたちがどのような学校生活を送り、進路を決め、社会人生活を送るか、そのプロセスを追跡調査によって逐次的に、詳細に捉えることが必要となります。このようなACEサバイバーに関する縦断的な調査を実施するのは簡単ではないですが、ACEサバイバーの生きづらさのメカニズムを知るためには今後取り組むべき研究だといえます。

また、ACEサバイバー本人の回顧による生活史調査（第5章参照）によって、そのプロセスの一端を探究することもできるでしょう。ACEサバイバーが不安定な社会経済的地位に至るプロセスを解明していくことが、どんな境遇にあってもライフチャンスを獲得できる社会のありかたを探るために求められます。

次章では、ACEと成人期の人間関係の関連に目を向けます。ACEサバイバーが抱えやすい対人関係上の困難や他者との付き合いの実態を検討することで、ACEの長期的影響をさらに多面的に捉えていくことにしましょう。

a　先行研究の中には、「子ども期の貧困」をACE項目の一つとするものもあるが、本書の分析ではオリジナルなACE尺度と同様に貧困は含めず、統制変数として扱った。その理由は、他のACE項目と子ども期の貧困では、社会的対策の方向性が異なるからである。
b　京都大学大学院人間・環境学研究科人間情報研究・動物実験倫理委員会による倫理審査において承認を得た（承認番号：20-H-33）。
c　オリジナルなACE研究では、「服役する家族」が採用されているが、日本ではきわめて少数であると考えられるため採用しなかった。他の先行研究を参考にして、「親の死亡」をACE項目とした。
d　このWEB調査データは、政府統計と比較すると若干、大卒層の回答が多い傾向がある。ただし、所得や配偶関係は政府統計と同程度の分布状況である。
e　2万人のうち、マトリックス形式の質問項目のすべてに対して同じ値で回答するという信憑性の乏しい回答をしたサンプル（35人）も除かれた。
f　SES変数の結果（調整オッズ比。有意なもののみ）を紹介すると、「病気がち」に対して子ども期の貧困は1・2、父非大卒は1・1、「重度のうつ・不安障害」に対して子ども期の貧困は1・4、「自殺念慮あり」に対して子ども期の貧困は1・4であった。
g　LSWデータでACEと自殺念慮の関連について詳しく検証した三谷（2022）[19]も参照。
h　二値変数（2つの値だけをとる変数）の発生確率に対して、影響を及ぼしていると考えられる諸要因がそれぞれどれだけ独立に規定力をもつのかを分析する統計手法のこと。

第3章 ACEの人間関係への影響

1　ACEがもたらす対人関係上の困難

†ACEサバイバーが抱えるトラウマ障害

これまでの章で、ACEサバイバーは成人後も心身に不調を抱えやすく、脆弱な社会経済的地位にも置かれやすいことを示してきました。それだけでなく**ACEサバイバーは、他者と人間関係を築くことにも困難を抱えやすい**と考えられています。

その困難には、「トラウマ」が関係しています。**トラウマとは、何らかの衝撃的な体験によって負った「心の傷」**をいいます。専門的には「心的外傷」と呼ばれます。

アメリカの精神科医であるジュディス・L・ハーマンは、トラウマとなる出来事は、この世界で生きる前提となる「安全である」という感覚、すなわち「基本的信頼」を破壊し、一次的に人間関係に打撃を与えると述べています。[1]

トラウマ体験（トラウマとなる体験）として、事故や大災害といった非日常的な出来事をイメージすることが多いと思いますが、日常的な体験そのものがトラウマ体験となることもあります。ＡＣＥ――すなわち、親による暴力、暴言、ネグレクトや、親の離婚、面前ＤＶ、依存症や精神疾患――こうした逆境に日常的に曝される体験が「トラウマ体験」となり、その後、ＡＣＥサバイバーの心理面において、さまざまなトラウマ症状を引き起こしうるのです。

アメリカの精神科医ベッセル・ヴァン・デア・コークは、長期間にわたってＡＣＥを経験してきた子どもたちの症状を、「発達性トラウマ障害」という概念で説明しています。この障害の主な症状は以下のとおりです。[2]

（1）感情的・生理的調節不全

例：恐れ、怒り、羞恥などの感情を調節できない。睡眠・摂食・排泄に困難があったり、接触や音に過大あるいは過小に反応したりする。自分の感覚・感情・身体の状態についての自覚に乏しかったり、解離したりする。自分の感情や身体の状態を説明できない。

（2）注意と行動の調節不全

例：脅威に心を奪われたり、脅威を適切に知覚できなかったりする。危険行為やスリルを求め、自分を防衛することができない。体の揺り動かし（ロッキング）や衝動的な自慰行為、自傷行為が見られる。

（3）自己の調節不全と対人関係の調節不全

例：否定的な自己感覚（自己嫌悪・無力感・自分は無価値だという感覚）がある。養育者やその他の大人、友人に対して身体的攻撃や言葉による暴力が見られる。親密な接触を得るために不適切な試みや過剰な依存がある。他者の苦悩への共感・寛容性が欠如している。

これらの症状は、一般的なＰＴＳＤの症状と重なり合わず、複数の診断名が適用されがちであり、それによる弊害が臨床家からは指摘されていました。そのため、まとまりのある病理として理解するほうが好ましいとして、ヴァン・デア・コークらによって「発達性トラウマ障害」という診断名が提唱されたという経緯があります。

この「発達性トラウマ障害」は、現在のところ、正式な病名ではありません。アメリカ精神医学会が出版しているDSM‐5（精神障害の診断・統計マニュアル第5版）が、世界的な診断基準の一つとされますが、これに「発達性トラウマ障害」は採用されませんでした。しかしながら、国内外の少なくない臨床家・研究者が、ACEを経験した子どもや大人が抱える独特の臨床像を認識しているようです。

日本においては、精神科医の杉山登志郎氏が、2000年代から被虐待児を「第四の発達障害」と位置づけることを提唱しています[3]。杉山氏によれば、この「第四の発達障害」に分類される被虐待児は、幼児期には愛着の未形成、発育不良、多動傾向があり、学童期には多動性の行動障害、徐々に解離症状が発現し、青年期においては解離性障害および非行、うつ病、最終的には複雑性PTSDの臨床像へ移行していくと論じています[3]。カテゴリー診断の枠を超えて広い臨床像が見られるという点で、「発達性トラウマ障害」の考え方と重なり合うところがあるといえるでしょう。

杉山氏が、虐待を受けた子どもたちが最終的に至ると指摘する「複雑性PTSD」は、近年、注目を集めている疾患です。世界保健機関（WHO）が作成する病気の分類（ICD）が約30年ぶりに改訂され、2022年1月1日にICD‐11（国際疾病分類第11版）が発効されました。このICD‐11に、「複雑性PTSD（complex post-traumatic stress disorder: CPTSD)」という診断名が新たに追加されました。

「PTSD」が大規模災害や強姦など一時的な恐怖体験に起因する障害とされるのに対し、**「複雑性PTSD」は、逃れることが困難な状況の中で、長期反復的に繰り返されてきたトラウマ体験に起因する障害**として位置づけられています。より複雑な症状を呈することから、「複雑性」という語を冠しています。

複雑性PTSDを生じさせるトラウマ体験の例として、ICD-11では、子ども期の虐待・ネグレクトや家庭内暴力など、まさにACEが挙げられており、ACEを原因として精神状態に支障をきたした状態が「複雑性PTSD」と理解されるでしょう。

複雑性PTSDは、PTSDのすべての診断要件（トラウマの再体験・トラウマ想起の回避・脅威感）に加えて、（1）感情の調節障害、（2）ネガティブな自己概念、（3）対人関係の障害のうち少なくとも1つの症状が見られ、生活機能上の障害を伴っていることで診断されます。図3-1に示したこれらの症状はお互いに関連し合い、生きづらさへとつながっていくと考えられます。

図 3-1　複雑性 PTSD の症状

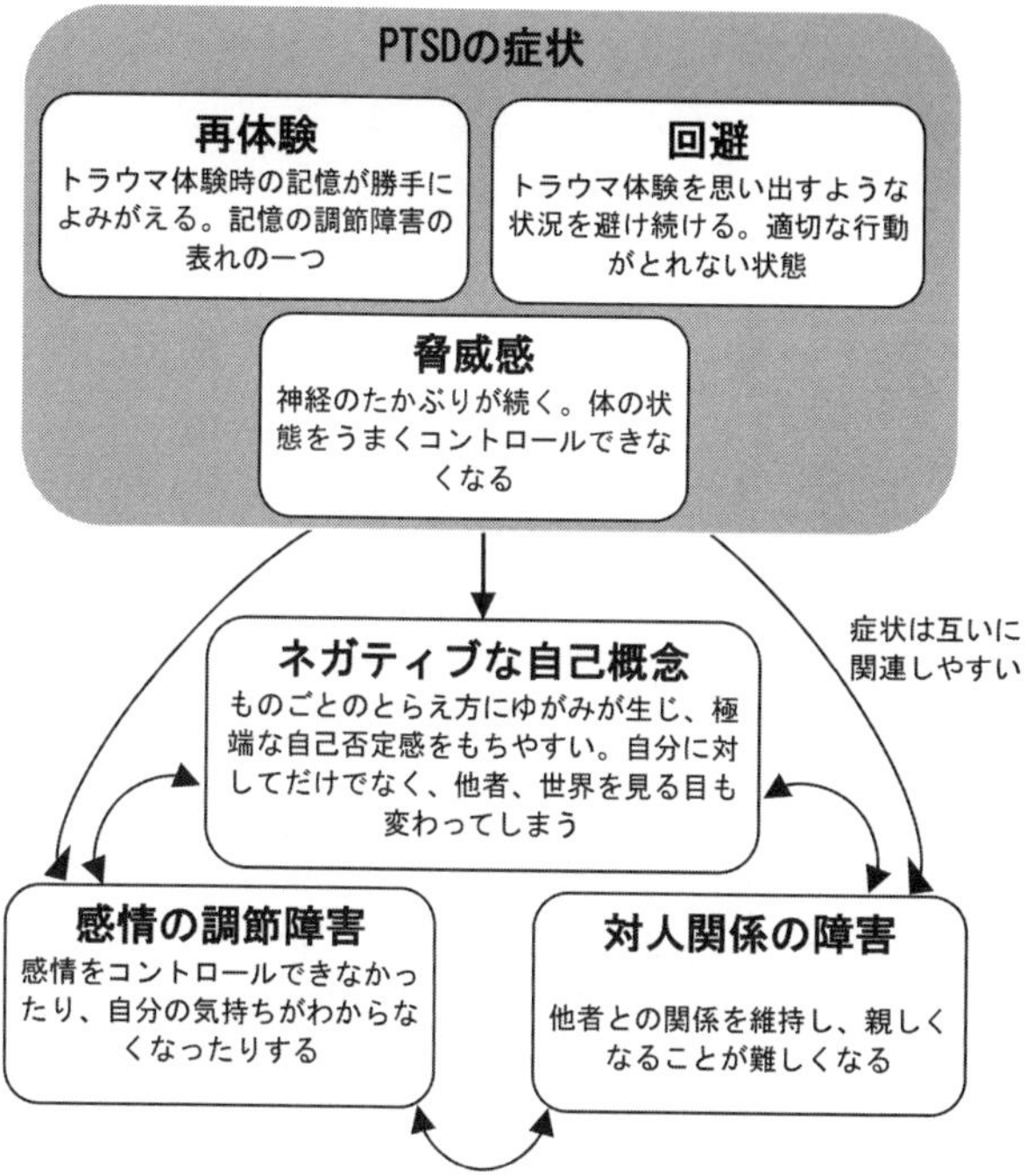

出所：白川（2019：12-13）をもとに筆者作成

ACEという人生早期のトラウマ体験は、愛着形成の課題も引き起こすことが知られています。

†愛着形成の困難

愛着（attachment／アタッチメント）とは、子どもが誕生直後から主たる養育者（多くが母親）と本能的に形成する情緒的な結びつきをいいます。イギリスの児童精神科医ジョン・ボウルビィは、子どもが養育者に保護を求める傾向は、食欲などと同じ本能的な一時的欲求に基づくものとして、愛着理論を提唱しました。

通常、幼い子どもは何か不安や恐怖を感じたときに、養育者を目で追い、泣いて養育者の関心を自分に向け、養育者のもとに駆け寄ってしがみつこうとします。これを「愛着行動」といいます。子どもは、養育者に受け入れられることで不安や恐怖を落ち着かせ、情緒的な安定を回復することができます。

こうした愛着行動は、子どもの発達に伴ってだんだん少なくなっていきます。それは、愛着の対象である養育者のイメージが、心の中に保持されるようになるからです。不安や恐怖に駆られても、養育者が傍にいなくても、充足を与えてくれる愛着対象を心の中でイメージすることで、安心感を取り戻すことができるようになるのです。

この表象モデルを、ボウルビィは「内的ワーキングモデル（internal working model）」と呼びました。このモデルは、他者との関係についてのイメージや期待となって、人間関係を築く基盤となると考えられています。

愛着理論に基づき、実証的な研究を進展させたのが、ボウルビィの弟子である発達心理学者のメアリー・エインズワースです。彼女は、アタッチメントの対象となる養育者を**「安全基地**（secure base）」と呼びました。安定した愛着関係は、「いざというときに助けを求められる」という心の拠り所となり、それによって知的探求や他者との交流に積極的になれるというのです。たとえ養育者に直接的に頼ることがなくても、内的な安全基地によって安心や自信が身につけられていくと考えました。

さらに彼女は、安全基地としての養育者の態度と子どもの愛着スタイルの関係に着目しました。母子分離と再会、見知らぬ他者の登場などに対する幼児の反応を観察するストレンジシチュエーション法（SSP）という実験の結果、愛着には3つの型があることがわかりました。

（1）Bタイプ（安定型） 養育者がいなくなると不安を示すが、再会すると近づいて喜び、安心感を取り戻す。養育者が安全基地として機能している。
（2）Aタイプ（不安定・回避型） 養育者がいなくなっても不安を示さず、再会しても近づいていこうとしない。養育者を避けたり、無視したりする。
（3）Cタイプ（不安定・抵抗型） 養育者が見えなくなると苦しみを示し、再会すると怒りをぶつける。

子どもの状況を認識し、子どもからの働きかけにすぐに対応できる養育者に育てられている場合は「Bタイプ（安定型）」が見られやすいという結果でした。一方、子どもに対して関心が乏しい養育者に育てられている場合は「Aタイプ（不安定・回避型）」が、時によって子どもへの関心や対応がまちまちな養育者に育てられている場合は「Cタイプ（不安定・抵抗型）」になりやすいという結果でした。

しかしその後、A〜Cのタイプには属さない4つ目の愛着パターンが発見されました。[4]それがDタイプです。

（4）Dタイプ（無秩序・無方向型） 養育者と再会したときの反応に一貫性がない。怯えたり、無視したり、逆に養育者を叩いたりする。近づきつつ避けようとし、不自然でぎこちない態度になる。

このタイプの子どもたちは、時にAタイプ、時にCタイプ、時にBタイプ……と、アタッチメント行動が一定のパターンに組織化されておらず、方向性が定まっていません。重要なことは、このDタイプは、子ども期に逆境を経験していた子どもたちの多くに当てはまりやすい特徴だったということです。養育者が子どもを脅えさせるような行動や言動をとったり、精神的に不安定であったりすると、その子どもの愛着スタイルは無秩序で無方向なものになります。実際に、身体的虐待や心理的虐待、ネグレクトを受けている12カ月児の場合、Dタイプ（無秩序・無方向型）は、82％にのぼるという研究結果が報告されています。[5]

†愛着障害の2つのタイプ

愛着形成の困難が、子どもの精神障害として診断されるのが、「**愛着障害**（attachment

disorder)」です。**発達初期の段階で、親などの養育者と愛着を形成することができなかったために、適切な人間関係をつくる能力に障害が生じてしまった状態**をいいます。一般的には、5歳になるまでに診断がつき、主に次の2つのカテゴリー群に分けられます。

（1）愛着行動が抑制されている「抑制型」：ICD-11では「反応性アタッチメント症」
（2）愛着行動の抑制がきかない「脱抑制型」：ICD-11では「脱抑制性対人交流症」

「抑制型」の子どもは、不安や恐怖を感じるだろうと想定される場面にあっても、愛着行動を示しません。さらに、その子どもを安心させようと大人が近づこうとしても、それを拒否するなど、他者による働きかけを受け入れない傾向もあります。

一方、「脱抑制型」の子どもは、知らない人でも見境なくしがみついたり、注意をひくために馴れ馴れしい態度をとったり、他者に対して親密な行動を示します。これは一見、愛着行動のようですが、その大人が目の前からいなくなっても気にすることはなく、その人のことは忘れ去ってしまいます。その大人のイメージが、子どもの心の中には形成されていないからです。

これらの背景には、基本的ニーズを十分に満たしてもらっていない子育てがあります。生後間もなくから極端なネグレクト状態に置かれた子どもは「抑制型」の特徴をとることが多く、ネグレクトに加えて虐待や、養育者の繰り返しの変更など愛着形成が部分的にしか成立しない状態に置かれた子どもは「脱抑制型」の特徴をとることが多いといわれています。[3]

このようにＡＣＥの中にいる子どもたちの多くは、人間関係の基盤となる特定の養育者との愛着を形成することができずに育つことになります。**心の拠り所となる「安全基地」がないために、不安や怒りをうまく処理できず、他者への基本的信頼感ももてず、また無条件に愛された経験に乏しいので自尊心や自信ももてなくなる**と考えられます。

幼少期の愛着形成の不全を乗り越えるためには、子どもが特定の誰かに信頼を寄せ、安定した関係性を築くことが必要です。社会的養護の世界ではこんにち、特別養子縁組や里親、ファミリーホームといった家庭的な環境での養育が推進されています。それは、ＡＣＥサバイバーである子どもたちの「愛着の再形成」が目指されているためといえるでしょう。

2　ACEサバイバーの人間関係

†ACEサバイバーの恋愛・結婚・子育て

ACEサバイバーは、トラウマ症状を抱えたり、愛着の課題を抱えたりしたまま、青年期、壮年期へと人生のあゆみを進めることになります。とくに、恋愛・結婚や妊娠・出産、子育てといった人生の課題に直面したときには、トラウマの症状が強く現れたり、人付き合いの悩みが強まったりする場合があります。[6]

たとえば、好きな人ができた場合、新しい関係を求めつつ傷つけられるのではないかという不安があったり、相手に不信感をもって拒否したり、逆に過度の親密さを求めたりといった、不安定な愛着パターンが出やすくなります。その恋愛関係の躓《つまず》きによって、自己否定感や人付き合いへの苦手意識を強めてしまうこともあると考えられます。

また妊娠・出産、子育ては、いやでも自分の子ども期のことを思い出してしまう体験です。虐待されていた時などの記憶が蘇って辛くなったり、そんな体験をした自分が親になることへの不安をもったりと、トラウマ症状の悪化につながることもありえます。

では、ACEサバイバーは成人後、どのような人間関係を築いているのでしょうか。

前章でも取り上げたLSWデータでは、約2万人の健康状態や社会経済的地位だけでなく、身近な人たちとの関係性や付き合いの状況を把握することができます。ここではACEサバイバーのもつ人間関係の全体的な傾向を統計データから摑んでおきましょう。

†ACEと結婚・恋人の存在

まず、結婚をしているか、それが継続しているかについて確認します。

表3−1は、ACEスコアごとに婚姻状況の割合を示したものです。具体的には、「既婚（事実婚を含む）」「未婚」「離別（離婚して、現在は単身）」「死別（死別して、現在は単身）」に該当する割合を、ACEスコアごとに比較しています。また、既婚者を除いた人たちに限定して、「恋人あり」の割合も示しています。

この表を見ると、ACEスコアが上がるにつれて「既婚」の割合は低くなっています。

表3-1　ACEスコアごとの婚姻状況の割合（%）

	ACEスコア					
	0	1	2	3	4+	
既婚	62.3	60.8	59.4	53.6	49.9	**
未婚	30.0	30.3	31.1	35.3	37.2	**
離別	6.1	7.5	8.6	8.9	11.3	**
死別	1.6	1.5	1.0	2.3	1.6	
			注：n=19,965.　** p<.01			
恋人あり（既婚者を除く）	27.3	29.5	26.5	29.1	23.3	
					注：n=7,810	

たとえば、ACEスコアが「0」の人は62%に配偶者がいますが、「4以上」の人は50%にとどまります。対して、「未婚」と「離別」の割合は、ACEスコアが上がるにつれて高くなります。ACEスコアが「0」の人の未婚は30%ですが、「4以上」の人は37%です。ACEスコア「0」の人の離別は6%ですが、「4以上」の人は11%です。

これら、ACEスコアごとの既婚・未婚・離別の割合の差は、統計学的にも無視できない程度です。つまり、逆境体験をより多く経験したACEサバイバーほど、未婚であったり、結婚しても離婚に至りやすい傾向がうかがえます。

ちなみに、「死別」と「恋人あり」の割合は、ACEスコアによる有意な差は認められません。ただし、ACEスコア「4以上」の人（未婚に限る）では恋人がいる

図 3-2　ACE スコアごとの婚姻状況の調整オッズ比

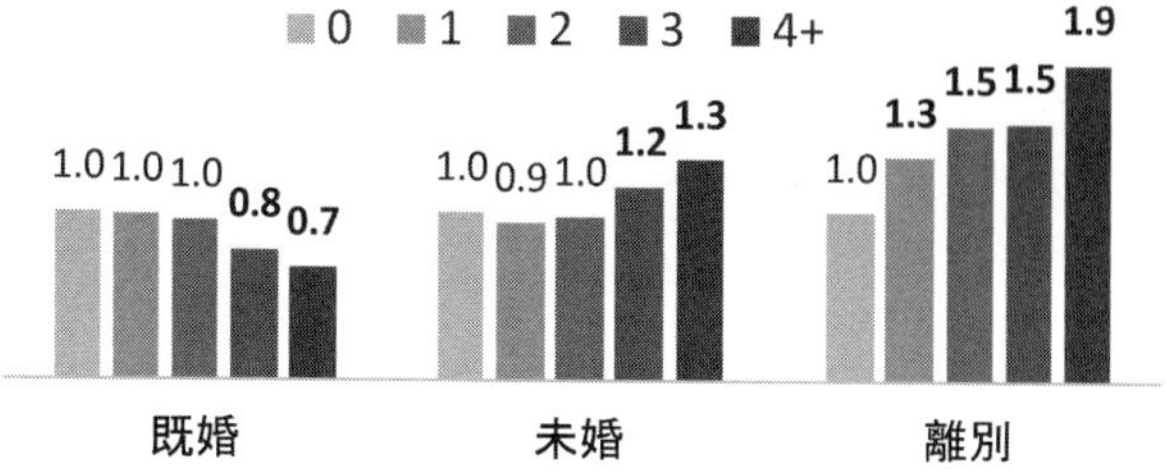

注：年齢・性別・子ども期の貧困・父非大卒・母非大卒を統制。太字は 5% 水準で有意

人が23%と、他のカテゴリーよりも少なくなっています。

図3-2は、ACEスコアごとに「既婚」「未婚」「離別」に該当する調整オッズ比を示したものです。**ACEスコアが「0」の人と比べて「4以上」の人は、「未婚」に1・3倍、「離別」に1・9倍なりやすい**という結果になっています。「既婚」に関しては、ACEスコアが「0」の人と比べて「4以上」の人は0・7と、1を下回っているので「起こりにくい」ということができます(調整オッズが30%低い)。

すなわち、**逆境を累積させたACEサバイバーは、未婚になる可能性が高く、結婚しても離婚に至る可能性が高い**といえそうです。

自分が虐待・ネグレクトを受けたり、何らかの問題を抱える家庭で育ったACEサバイバーは、新たな家族を形成することに消極的になったり、結婚をしてもACE

による何らかの影響によって配偶関係を維持することが難しかったりするのかもしれません。そこには、先述したトラウマ症状や愛着の問題が関わっている可能性もあります。

†ACEと社会的孤立

では、ACEサバイバーは、自分に何か困ったことが起きたときに、周囲に助けてくれる人間関係をもっているのでしょうか。筆者が過去に発表した論文でも、現在の社会的孤立に、幼少期の身体的虐待やネグレクト被害が影響することを確認しています。[7]

ここでは、ＡＣＥスコアと社会的孤立（困ったときに頼れる人がいない状態）の関連を見ましょう。

表3－2は、（調査時点から）過去1年間のうちに援助や相談相手がほしい状況において、「頼りにできる人はいなかった」と回答した割合をＡＣＥスコアごとに示しています。

なお、回答選択肢としては、各状況下において（1）「頼りにした」（配偶者、同居家族、別居家族、恋人、近所の人、職場の人、友人・知人、行政職員や支援の専門家、インターネットやＳＮＳだけでやり取りした人等を複数選択）、（2）「そのような状況は経験しなかった」、（3）「頼りにできる人はいなかった」のいずれかを選ぶ形をとっています。

表3-2　ACEスコアごとの「頼りにできる人はいなかった」割合（%）

	ACEスコア					
	0	1	2	3	4+	
悩みや心理的な問題が生じたとき	16.2	21.8	24.7	29.2	33.8	**
経済的な問題が生じたとき	14.6	17.9	20.1	25.2	31.1	**
家事・育児・介護のため、人手が必要なとき	12.0	14.5	15.0	18.6	23.2	**
自分が知らないことについての情報がほしいとき	15.0	17.0	19.6	22.1	26.0	**
自分の行いを正しく評価し、認めてほしいとき	17.9	22.0	25.9	30.3	36.6	**

注：n=19,965. **p<.01

また、ここで設定された5つの状況は、5種類のソーシャルサポート（個人が周囲の対人関係から得られるサポート）に対応しています。各状況によって、他者から受け取るサポートの質を多面的に捉えています。[a]

「悩みや心理的な問題」…【情緒的サポート】
「経済的な問題」…財政的支援【道具的サポート①】
「人手が必要」…実践的支援【道具的サポート②】
「情報がほしい」…アドバイス【情報的サポート】
「認めてほしい」…フィードバック【評価的サポート】

表3－2を見ると、5つの各状況下すべてに共通して、ACEスコアが高い人ほど「頼りにできる人はいなかった」の割合が高くなっています。ACEスコアが「0」の人と比べると、「4以上」の人はその割合が実に約2倍になっています。

たとえば、**ACEスコア「4以上」の人の約3人に1人（34％）は、悩みや心理的な問題があっても頼れる人が周囲にまったくいない状態**であることがわかります。

ここでも「頼れる人がいなかった」状況の生じやすさを、ACEスコアごとに調整オッズ比で確認しましょう。

図3－3を見ると、**ACEスコアが「0」の人と比べて「4以上」の人は、**

・「悩みや心理的な問題が生じたとき」に頼れない可能性が　2・7倍
・「経済的な問題が生じたとき」に頼れない可能性が　2・8倍
・「家事・育児・介護のため、人手が必要なとき」に頼れない可能性が　2・4倍
・「自分が知らないことについての情報がほしいとき」に頼れない可能性が　2・5倍
・「自分の行いを正しく評価し、認めてほしいとき」に頼れない可能性が　2・7倍

といった結果になっています。

図 3-3　ACE スコアごとの「頼れる人がいなかった」に該当する調整オッズ比

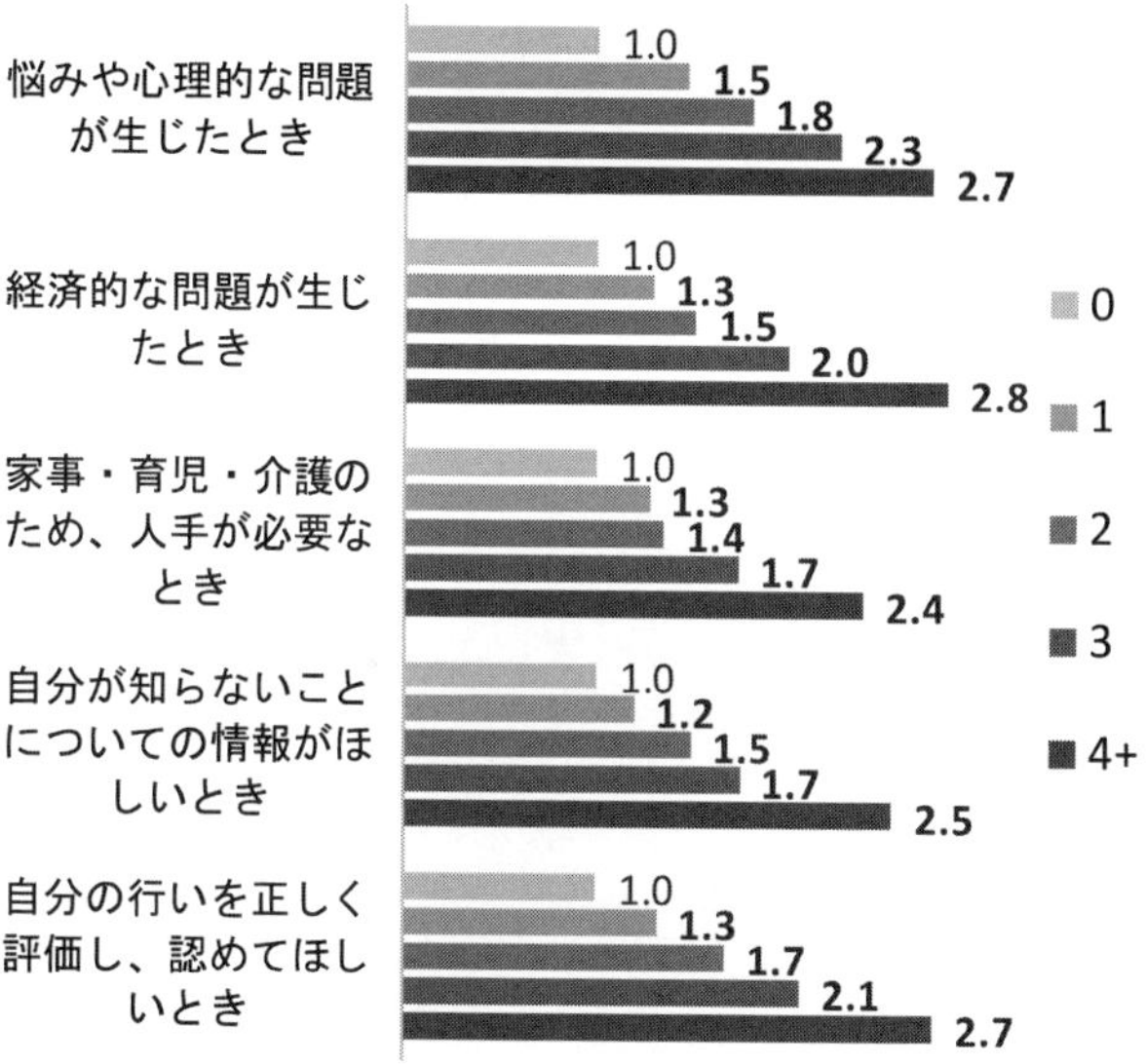

注：年齢・性別・子ども期の貧困・父非大卒・母非大卒を統制。太字は 5% 水準で有意

いずれも2倍を超えており、顕著な傾向といえます。

全体的に見ても、ACEスコアが高くなればなるほど、「頼れる人がいない」リスクが高まるという傾向が明らかかです。すなわち、ACEスコアが上がれば社会的孤立のリスクが上がるという、歴然たる「用量反応関係」が認められるのです。

孤立研究では、成人にとっての最大のサポート源は配偶者であることがわかっています。[8] 先に見たように、高ACEスコアの人は無配偶（未婚・離婚）になりやすい傾向があるので、身近なサポートを得られにくいと考えられます。ACEサバイバーは、自分を育てた実親とは疎遠になりがちなので、「実家に頼る」ということも難しいといえます。それを補うような友人関係や同僚関係などがあればいいですが、トラウマ症状や不安定な愛着パターンを抱えている場合には、助け／助けられるような対人関係を築いたり、何らかのコミュニティに属したりすること自体がハードルの高いものになるのかもしれません。

いずれにしてもACEサバイバーの中には、**日々の困った状況に直面したときも、周囲に頼れる人がおらず、一人で問題を抱える人が少なくない**という実態が浮かび上がります。

3　世代間連鎖するＡＣＥ

†ＡＣＥサバイバーが抱える子育ての問題

ＡＣＥサバイバーは、未婚や離婚を経験しやすい傾向にあることが前節で示されました。ただし、表３‐１を見ると、ＡＣＥスコア「４以上」の人でも約半数が現在結婚していま す。この中には、自身の子どもを育てる人々も含まれるでしょう。

それでは、ＡＣＥサバイバーの人たちは、どういった子育てを経験する傾向にあるのでしょうか。

ＡＣＥサバイバーの子育てについては、少ないながらもその実態を捉える研究知見が報告されています。たとえば、ＡＣＥをより多く経験して親になった人は、育児ストレス[9,10]や育児の困難[10]を抱えやすく、身体的虐待・心理的虐待・ネグレクトといったマルトリートメント[11][12]を行いやすいことが明らかにされています。
ただし、これらの研究は対象者が黒人の低所得女性や施設入所者といった特定の属性に偏っており、一般化することが難しいという限界がありました。
そこで筆者は、特定の属性をもたない一般家庭で子育てをしている親（日本人）を対象として、ＡＣＥとマルトリートメントに関連があるかどうかを検討しました。[13]
具体的には、高知県におけるすべて[b]の小学校１年生、５年生、中学２年生、高校２年生の保護者に対して２０１６年に実施された「高知県子どもの生活実態調査」のデータを用いました。この保護者のうち、とくに母親のＡＣＥスコアがその子どもへのマルトリートメント（身体的虐待、心理的虐待、ネグレクト）に与える影響を調べました。[c]
その結果を示したのが図３－４です。ご覧のとおり、母親のＡＣＥスコアが高くなるにつれて、身体的虐待（体を平手等で叩く、拳で殴る）、心理的虐待（大声で叱る、傷つくことを繰り返し言う、目の前で大げんかする）、ネグレクト（屋外に締め出す、食事を与えない、子どもを残して外出する）の発生しやすさが高まっています。
たとえば、**ＡＣＥスコアが「３以上」の母親は、「０」の母親に比べて、身体的虐待が１・６倍、心理的虐待が２・５倍、ネグレクトが２・０倍発生しやすい**という結果になっ

図3-4　ACEスコアごとのマルトリートメントの調整オッズ比

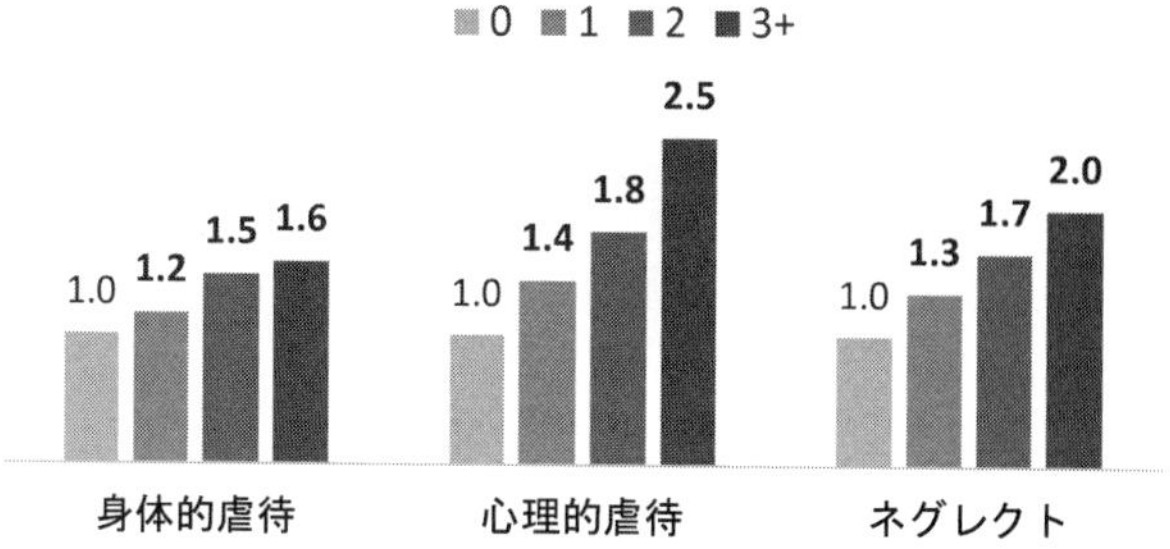

注：n=11,954．母年齢・子性別・子学年・婚姻状況・子きょうだい数・母の出身SESを統制。太字は5%水準で有意
出所：Mitani（2022）をもとに筆者作成

ています。

マルトリートメントを受ける子どもの立場からすれば、その被害は逆境体験であり、まさにＡＣＥです。日本の一般家庭で子育てをしている母親約１万２０００人において、逆境が次世代の逆境を生む現象――すなわち、「逆境の連鎖」が現実に起きていることが残念ながら実証されたといえるでしょう。

この論文ではさらに、ＡＣＥスコアとマルトリートメントの関連が、どういった要因によって媒介されているかも確認しています。つまり、両者の関連が他の要因によってどれだけ説明されるかを、「媒介分析」という手法で検討しています。

図３‐５は、この媒介分析の主な結果を示したものです。上図では、**母親のＡＣＥがマルトリートメントに与える影響の32%が、母親の心理的ディスト**

図 3-5　母親の ACE から子へのマルトリートメントへの影響

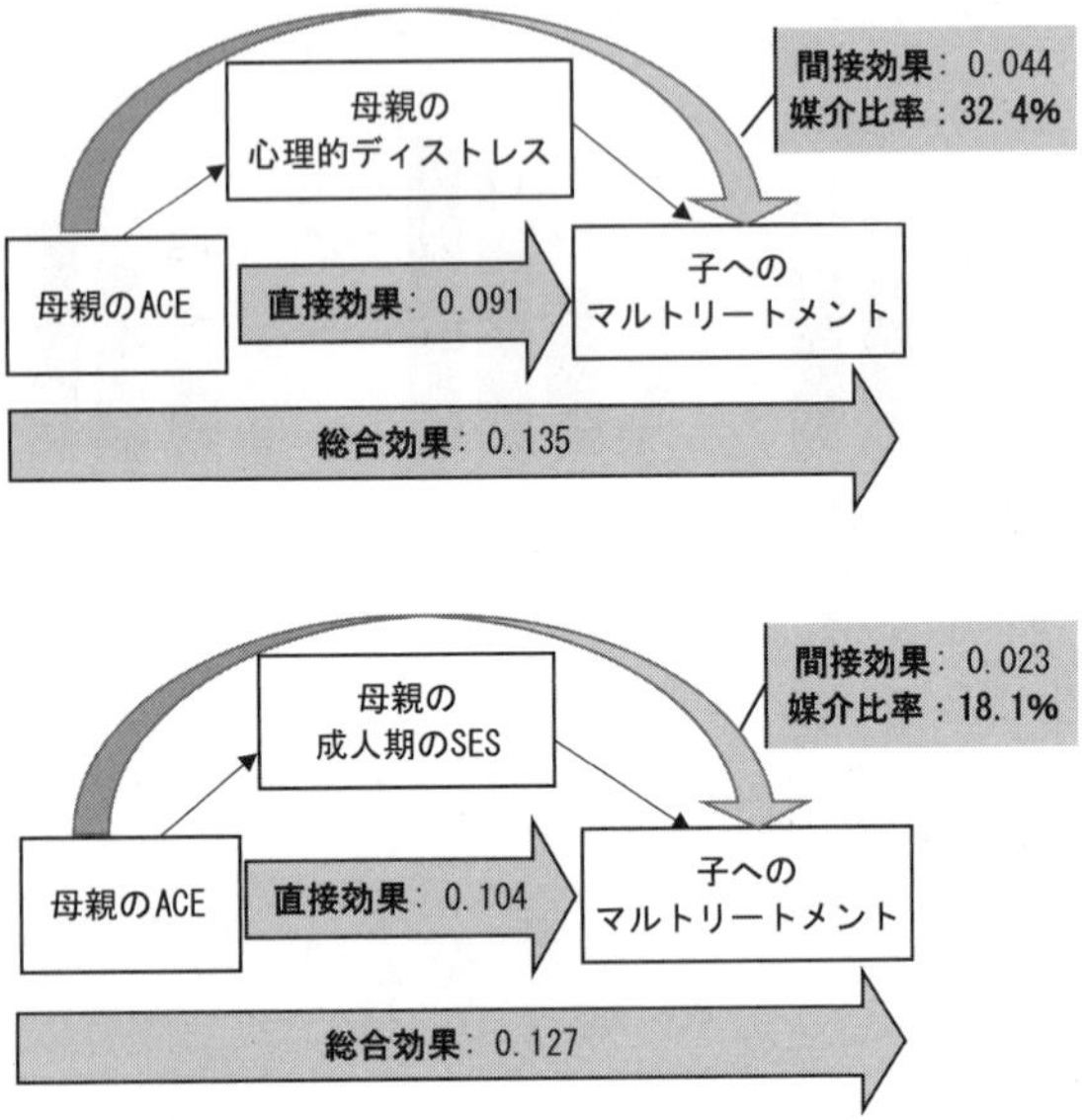

注：すべての数値が 5% 水準で有意
出所：Mitani（2022）をもとに筆者作成

レス（抑うつや不安の症状）によって説明されることが示されています。

また下図では、**18％が母親の成人期のＳＥＳ（とくに経済的困窮）によって説明される**ことがわかります。

すなわち、複数のＡＣＥを経験した母親は、精神状態が良くないために、また社会経済的に不安定な状況であるために、その子どもへのマルトリートメントが発生してしまう可能性があるということです。

母親自身のメンタルヘルスの不良や、家庭の経済的困窮は、逆境の再生産を阻止するための、注目すべき糸口といえるでしょう。いかにこうした危険信号を周囲の人間や支援機関がキャッチして、マルトリートメントの発生を防ぐことができるかが重要な課題です（具体的な課題と提言は、最終章で詳しく論じます）。

ただし、ここで確認された心理的ディストレスやSESの媒介比率は、十分に高い値ではありません。ACEサバイバーである母親がマルトリートメント傾向をもつその背景には、いまだ見いだされていない媒介要因があるのか、それともACEがマルトリートメントに与える直接的な影響がそもそも大きいのか、詳しく追究することが必要です。

†「逆境の連鎖」は日本全体で起きているか？

先述したように、高知県で得られたデータから「逆境の連鎖」が確認されました。それでは、日本全国に住む子育て中の親（父親も含む）においても、同じ現象が確認できるでしょうか。

ここでも、全国2万人調査から得られたLSWデータを用いて、ACEサバイバーの子育ての実態を確認しましょう。ここでは18歳未満の子どもがいる男女を分析対象とします。

表 3-3　ACE スコアごとの子育て状況の割合（%）

	ACEスコア				
	0	1	2	3+	
育児ストレス（高頻度）	21.3	28.7	35.1	38.3	**
育児の援助・助言者なし	11.6	16.1	20.0	26.9	**
実親育児手助けなし	58.8	60.7	60.6	66.9	**
義親育児手助けなし	66.6	67.8	72.4	72.1	**
身体的虐待	30.1	38.3	40.6	43.0	**
心理的虐待	38.4	50.4	55.9	55.4	**
ネグレクト	6.7	9.3	11.5	12.6	**
n	3,052	1,047	655	502	

注：n=5,256（18 歳未満の子ありの人に限定）**p<.01

表3－3は、子育て中の男女における、ACEスコアごとの、育児ストレス、ソーシャルサポート、マルトリートメントに関する状況別割合を示したものです。

育児ストレス（高頻度）とは、「あなたは、子育てをしていてストレスを感じることはありますか」に対して「いつもある」「よくある」と回答した割合です。「育児の援助・助言者なし」とは、「子どもの世話について問題が生じたとき、助けやアドバイスを求める人がいない」に対して、「まったくそのとおり」「そのとおり」と回答した割合です。「実親／義親育児手助けなし」は、「実父母／義父母による日常的な（育児の）手助け」の頻度を求める設問で「まったくない」と回答した各割合です。

これらをACEスコア別で比べてみると、おおむねＡＣＥスコアが高い親ほど、育児ストレスを頻繁に感じている割合や、子育てにおいてサポートを得られない割合が高くなっていることがわかります。

たとえば、**ＡＣＥスコア「3以上」の親のうち、実に3人に1人以上（38％）が頻繁に育児ストレスを感じており、4人に1人以上（27％）が子育てサポートをまったく得られない状況にあります**。同時に、**彼らの大多数（約7割）が、実親や義親からの子育ての手助けがない**という状況があることもわかります。

こうした家庭内におけるＡＣＥサバイバーが置かれた状況を想像しつつ、表3－3の下段、マルトリートメントの発生割合をＡＣＥスコアごとに比べてみましょう。するとおおむね、ＡＣＥスコアが高い親ほど、身体的虐待（体や顔を叩く）、心理的虐待（馬鹿にしたり脅したりする）、ネグレクト（子どもだけ残して外出したり、必要な食事や医療を与えない）に該当する（年に1回以上行った）割合が高くなることがわかります。

もちろん、高ＡＣＥスコアの男女すべてがこのような子育てをしているわけではありません。しかし、たとえばＡＣＥスコア「3以上」の人は、約4割（43％）が身体的虐待を、過半数（55％）が心理的虐待を、約8人に1人（13％）がネグレクトと考えられる養育を行っていることを、回答者本人が申告しています。この割合は、自身の子ども期に逆境をまったく体験していない（スコアが0の）人と比べると、明らかに高い値となっています。

図3-6　ACEスコアごとの子育て状況の調整オッズ比

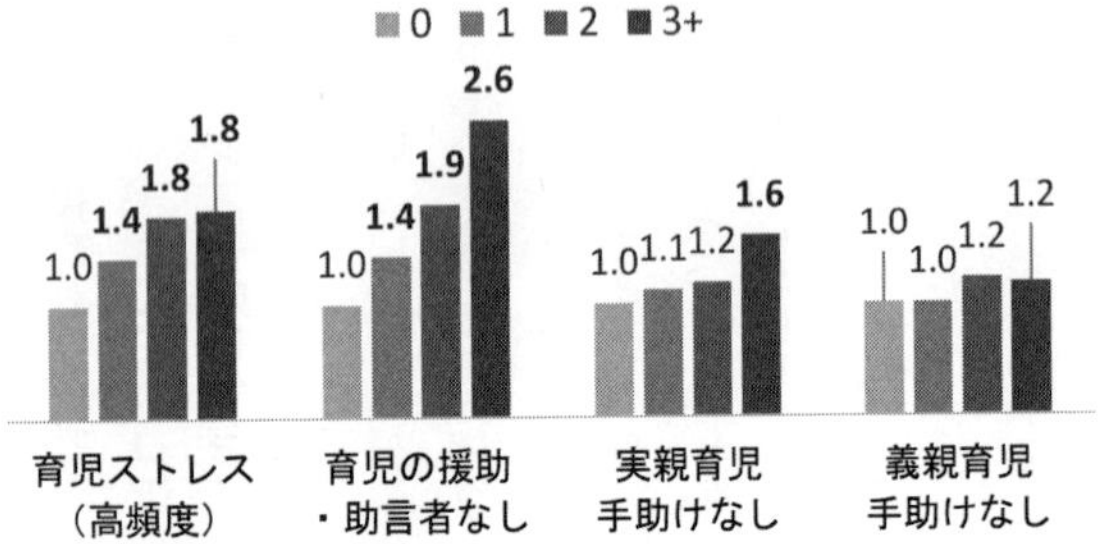

注：n=5,256（18歳未満の子ありの男女に限定）
親年齢・親性別・末子年齢・婚姻状況・子きょうだい数・親の出身SESを統制。太字は5%水準で有意

図3―6は、ACEスコアと子育て状況（育児ストレス・育児サポート）の関連を調整オッズ比で示したものです。ここでは、高知県調査データの分析（図3―4）に合わせた統制変数を用いて、両者の結果を比較しやすいようにしています。他の要因の影響を除去した二者関係を捉えても、ACEスコアが高い親ほど、育児ストレスを頻繁に感じやすく、子育てにおいてサポートを得られにくいことがわかります。

同じように図3―7は、ACEとマルトリートメントの関連を、調整オッズ比で示したものです。やはりこの図からも、ACEスコアが高い親ほどマルトリートメントがより発生しやすい傾向が見て

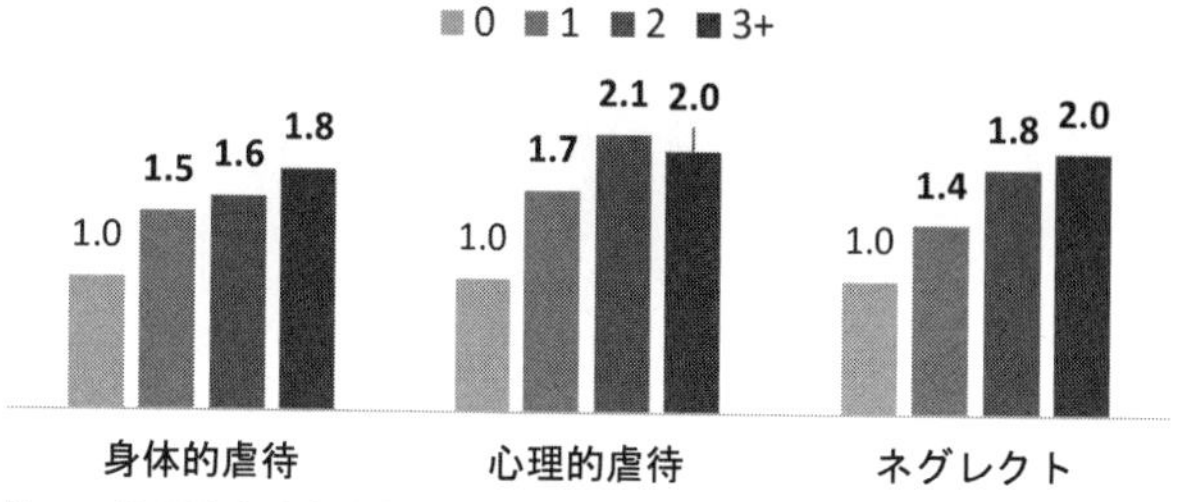

図 3-7　ACE スコアごとのマルトリートメントの調整オッズ比

注：n=5,256（18 歳未満の子ありの男女に限定）
親年齢・親性別・末子年齢・婚姻状況・子きょうだい数・親の出身 SES を統制。太字は 5% 水準で有意

とれます。ＡＣＥスコア「３以上」の親は、「０」の**親に比べて、身体的虐待が１・８倍、心理的虐待が２・０倍、ネグレクトが２・０倍生じやすい**という結果となっています。不思議とこの調整オッズ比の水準は、高知県での母親調査の結果とよく似ています。そのため、日本の子育て中の人に見られる傾向として、ある程度信頼に足るエビデンスといえそうです。

日本全国に住む子育て中の人々においても、たしかに「逆境の連鎖」と呼べる現象が生じていたのです。この事実から、まず私たち自身が目を背けるべきではありません。と同時に、子育てをしているＡＣＥサバイバーの周囲には、気軽に助けを得られるような人間関係が貧弱であり、またストレスを溜めがちな状況があった点も見逃せません。また繰り返しになりますが、ＡＣＥサバイバーがマルトリートメントをしてしまう背景には、彼らが抱えるうつ・不安障害や、家庭の経済的な困窮状況が少なからず影響していることも考慮したほうがいいでしょう。

一方でこの結果から、安易に「マルトリートメントは必ず連鎖する」と結論づけることにも慎重になるべきです。LSWデータでは、子ども期に虐待・ネグレクトを受けて親になった人のうち、虐待・ネグレクト傾向が見られるのは、約6割（61％）です。約4割の人は、負の連鎖を断ち切れているという事実があるのです。この逆境の連鎖が生じていない人たちの背景に目を向けることも必要でしょう。

では、家族で苦しんだ人が新たな家族を形成したとき、次世代へ悪影響を引き継がないためには何が必要なのでしょうか。次章では、回復の鍵となる「レジリエンス」に注目して議論します。

▼補論──世代を超えるACEの悪影響

ACEサバイバーの親に育てられた子どもたちは、マルトリートメントに遭いやすいだけでなく、健康面や行動面、発達面においてもさまざまな不利を被りやすいことが最近の研究から明らかにされています。つまり、ACEの悪影響は、ACEサバイバー本人だけでなく、その子どもの世代にまで及びうるのです。

たとえば、**母親のACEは、生まれて間もない乳幼児の心身上の健康問題**[14]、**内在化（不安など）や外在化（攻撃性・多動性など）といった問題行動**[15,16,17,18]、**発達の遅れ**[19,20]**に影響する**と報告されています。

また、18歳未満の子ども（児童期・思春期）を対象とした研究では、その**親のACEが子どもの全般的な健康度の低さや喘息**[21]、**問題行動**[22]**に影響する**という結果もあります。

さらに、日本人を対象とした研究も、近年、東京医科歯科大学の藤原武男氏らの研究グループによって次々と発表されています。本章でも紹介された高知県調査データを用いて、**母親のACEはその子どもの問題行動や抑うつ症状**[23]、**自己評価した学力の低さ**[24]、**レジリエンスや自尊心**[25]**に関連する**ことが報告されています。

親のACEがその子どもが抱えることになる諸問題に影響するメカニズムとしては、次の2つがあると考えられています。

第1に、「**生物学的メカニズム**」です。たとえば、ストレス反応システムからの説明がなされます。子ども期に逆境を経験した母親は、HPA軸に調節不全をきたしている可能性があります（第1章参照）。母親は妊娠中、胎児と胎盤を介してつながっているため、ストレスホルモンも胎児に伝達するとされています。母親のHPA軸機能不全によって、胎児がストレスホルモンであるコルチゾールに多く曝露されると、胎児の神経系の成熟が遅くなり、ストレス反応が変化し、恐怖を感じやすくなり、情緒障害や認知障害のリスクが高まる可能性があると指摘されています。[26]

第2に、「**心理社会学的メカニズム**」です。ACEサバイバーである親の精神状態が不安定であったり、育児行動が不適切であったり、社会経済的地位が低いことなどが、その子どもに悪影響を及ぼすと考えられています。[14,15,17,23] 親がACEを原因として心理的あるいは社会的に不利・不安定な状況にあることで、その子どもが不健康になったり、行動や発達での問題が生じる可能性があるということです。

a ソーシャルサポートの種類については、Vaux（1988）[27]や浦（1992）[28]を参照。

b 高等学校通信制課程と特別支援学校1校を除く。調査の詳細については、「高知県子どもの生活実態調査報告書」[29]を参照。

c データには母親以外の保護者の回答も一部含まれるが、分析対象を明確にするために母親に限定した。

第4章 ACEによる悪影響を断ち切るには

1 回復の鍵としての「レジリエンス」

†注目されるレジリエンス（逆境への適応現象）

心身の健康や社会経済的地位、人間関係に至るまで、生涯にわたって悪影響を及ぼすACE――しかも、その悪影響は世代間で継承され、永続的なものであるという事実に、立ち向かうすべはないのでしょうか。どうしたら私たちは、ACEの悪影響を断ち切ることができるのでしょうか。

ここで注目すべきは、**人生の初期にACEによって受傷しながらも、その傷とうまく折り合いをつけて強く生きている人たちが存在する**という事実です。そういう人々は、芸能人やスポーツ選手、政治家など有名人の場合もありますが、私たちが暮らす街の中ですれ違う、見た目には「ごく普通の人たち」である場合がほとんどです。

ＡＣＥによる傷を抱えながらも生き抜いているように見える彼ら・彼女たちは、なぜ苦しみに打ちひしがれることなく回復しているように見えるのでしょうか。

衝撃によって形が曲がっても、折れることなくしなやかに耐え、元の形に戻ろうとする木の枝――このようにイメージされる**逆境から回復する現象が「レジリエンス」**です。

元は物理学の用語として、物体の弾性を表す言葉であったレジリエンスは、今やさまざまな分野で注目が集まっています。主に心理学や精神医学、さらにはビジネス領域や教育現場などでも、近年、「レジリエンス」という言葉がよく見聞きされるようになりました。この背景には、社会情勢の加速度的な変化や予測できない事態の発生など、個人や組織が柔軟に適応していくことが求められる社会で、レジリエンスを高める重要性が認識されてきたといえるでしょう。

「レジリエンス（resilience）」とは、アメリカ心理学会の定義によると、「**とくに精神的、感情的、行動的な柔軟性と外的および内的な要求への適応を通して、困難または困難な人生経験にうまく適応するプロセスと結果**」をいいます。[1]

この定義からもわかるように、レジリエンスは、「プロセス」や「結果」を意味しますから、何か特別な人が生得的に備えている個人的資質ではありません。レジリエンスを発揮できる可能性は多くの人に開かれています。

重要な点は、自分のこれまでの人生のあゆみの中にみられたレジリエンスに気づき、その可能性を今後いかに高められるかです。

人生早期に耐え難い逆境を経験しても、強く生き延びている人は、どのようにレジリエンスを発揮したのでしょうか。その人にはどのようなレジリエンスを高める要因があったかに注目することは、逆境を乗り越えていくための重要なヒントを与えてくれるでしょう。

†レジリエンスを高める10の処方箋

レジリエンス研究を牽引する2人の精神科医が書いた『レジリエンス――人生の危機を乗り越えるための科学と10の処方箋』[2]という本には、「レジリエンスを高める10の処方箋」が示されています。これらは、ベトナム戦争の時に捕虜となった退役軍人や、先天的に身体に障害がある人、子どもの頃に性的虐待を受けた人など、逆境を乗り越えた人々へのインタビューから導かれた10要因です。それぞれに、疫学的・生物学的な研究による裏づけも示されています。表4-1がそのリストです。

ここからわかることは以下のようなことです。逆境を乗り越えた人々は、ストレスへの

表 4-1　レジリエンスを高める 10 の処方箋

1.	楽観主義を育むこと
2.	恐怖と向き合うこと
3.	道徳指針を強化すること
4.	信仰とスピリチュアリティの実践
5.	社会的なサポートを受けることと与えること
6.	レジリエントなロールモデルを真似ること
7.	身体的トレーニングをすること
8.	精神的トレーニングをすること
9.	認知・感情の柔軟性を高めること
10.	生きる意味、目的、成長を見いだすこと

出所：サウスウィック＆チャーニー（2015）

対処として、現実を見つめ、明るい未来を信じる「楽観主義」をもち、「恐怖」を避けるものではなく通常のこととしてコントロールし、自分にとって正しいことを決める「道徳指針」をもち、「信仰やスピリチュアリティ」を生活の中に取り入れていました。

また、家族・恋人や友人、専門家との間で「サポート」を求め受け入れ、また自分からも与え、逆境を乗り越えた「ロールモデル」（模範となる人）を手本として行動していました。

さらに、健康になるための訓練として、身体を鍛える「身体的トレーニング」や、瞑想・マインドフルネス等の「精神的トレーニング」を行い、困難の中に好機や感謝を見いだす「認知・感情の柔軟性」を高め、「生きる意味、目的、成長」を見いだすことで、レジリエンスを発揮していました。

いずれも重要な示唆であり、今、現状を打開するための方策を模索しているACEサバイバーにとっては、参考にできるポイントがあるでしょう。興味をもたれた方はこの本を手に取り、詳細をお読みください。

なおこの本の筆者たちは、レジリエンスを高める方法は1つではなく、自分にあった方法を見つけることが重要であると強調しています。ある方法がすべての人に有効であるわけでもありません。ですので、10の処方箋すべてを実践する必要もありません。

†紛れ込む自己責任論

昨今では「レジリエンス」への注目とともに、レジリエンスを強化するためのハウツーが、書籍やインターネットなどによって誰でも入手できるようになってきました。こうした情報をすでに、ご自身の行動や生活に取り入れている人もいるかもしれません。

ここで筆者が危惧するのは、**「レジリエンス」が注目を浴びれば浴びるほど、逆境を乗り越えることが「自己責任」だとみなされてしまう**ことです。実際、先の本には、「レジリエンス——それはあなた自身の責任である」（294頁）と明記されています。[2] こうした自己責任論はレジリエンスをめぐる議論に実は親和的なところがあります。レジリエンスの重要性を述べるなかで自己責任を明示する、あるいは暗に紛れ込ませている論調には危険性を感じます。

逆境を乗り越えるためには当人の意志が必要ではありますが、その意志すらもてなくなるほどの辛い状況にある人が実際にはおられます。逆境体験や不利の累積の影響のため、現状を変えるためのエネルギーや勇気をもてない人たちに、「自己責任」と非難するのはあまりにも酷です。

大事なことは、逆境を経験した人たちが無理なくレジリエンスを高められるような、その人を取り巻く社会環境のありかたに着目し、それを整えるための方策を考えることです。本書では、とくに個人の外側にある関係性要因に注目し、どのような人間関係や社会的なサポートがACEサバイバーの回復を導きうるかについて考えていきます。

2　レジリエンス要因への注目

†外部の力としてのレジリエンス要因

主に発達科学の分野で行われてきた長年のレジリエンス研究から、**レジリエンスを高める要因（レジリエンス要因）**があることがわかっています。

レジリエンス研究では当初、自律性やカリスマ性、ＩＱなど、レジリエンスが見られる子どもたちの個人的な資質に主に焦点が当てられていました。しかし研究が進展するにつれ、特定の子どもたちに見られるレジリエンスの高い適応は、外部の要因（資源）に起因している可能性があることに注目されるようになりました。[3]

すなわち、**子どもの家族の特性や、学校・地域などの特性の中に、レジリエンス要因がある**というのです。

個人が回復するためには、親、きょうだい、親戚、友人、教員、恋人・パートナー、サービス提供者といった、個人を取り巻く人たちとのつながりが重要な影響を与えます。ほぼ半世紀にわたるレジリエンス研究のレビューからも、「レジリエンスは基本的に人間関係にかかっている」と結論づけられている点は注目に値するでしょう。[4]

では、どういったレジリエンス要因が発見されているのでしょうか。

初期のレジリエンス研究から知られている重要な要因の一つは、「**少なくとも片方の親との密接な関係**」です。一方の親に何らかの問題がある場合でも、もう片方の親との強い関係があれば、その子どもは適応できる可能性が高まることがわかっています。[5]

たとえば、アルコール依存症の父親をもつ幼児において、母親への愛着が外在化症状（攻撃的行動と非行的行動）の発症を防ぐという報告があります。[6] また、低所得のアフリカ系アメリカ人の家庭では、幼児期に父親が温かく刺激的な子育てをすると、母親の同居・別居、その性格特性とは無関係に、子どもの学力の向上に役立つことも報告されています。[7] これらは、愛着理論など、古典的な子どもの発達の理論と一致する知見です。

また、「**教員との支持的な関係**」もレジリエンス要因の一つです。子どもが教員と親密な関係を構築し、教員が子どもをエンパワメントすることで、その子どもの将来への可能性が広がるとされています。

たとえば、情緒・行動障害のある生徒は、他の障害と比較して、学業不振や就学後の不利のリスクが高いとされますが、教員が自分のことを気にかけていると感じられた生徒は、学業に励み、高校を卒業し、進学・就職ができたという報告がなされています。[8]

また、「**親へのソーシャルサポート**」も、その子どものレジリエンスを高めうるとされています。身近な人たちによる親へのインフォーマルな支援や、介入プログラムによる支援が、結果的にリスクのある子どもたちの適応に資するということです。

たとえば、アフリカ系アメリカ人のシングルマザーを対象とした研究では、友人や家族からのサポートが少ないと感じている母親では、近隣ストレスとそれに関連する心理的症状が長期にわたって子育て行動に悪影響を及ぼした一方で、サポートを十分に受けていると感じている母親では子育てへの悪影響が少なかったという結果が得られています。[9]

また、低所得で薬物乱用をしている母親を対象に、人間関係に基づいた支援的な子育てグループ介入を行ったところ、子どもは介入に直接参加していなかったにもかかわらず、母親の虐待行為に対する子どもの報告において、著しい改善が見られました。[10]

さらには、母親のうつ病に悩む家族を対象とした介入プログラムの結果では、母親の心身の健康状態の改善、母親の受容性の増加、ストレスとなる家庭内の出来事の減少、そして子どもたちの対処能力の向上と行動・感情面の問題の減少といった複数の改善が認められました。[11]

†何がレジリエンスを高めるか?

そのほかにも、以下のような要因が、リスクのある子どもたちの良好な適応を促す可能性が指摘されています。

・温かく反応の良い子育てスタイル[12]
・代替養育者との良好な関係[13]
・祖母の育児への関与[14]
・質の高い保育[15]
・友人/仲間との好ましい関係[16]
・学校全体で実施される介入プログラム[17]
・青少年を対象とした組織的活動[18]

・近隣地域の住民同士の結束力[19]
・成人後の良好な夫婦関係[20]
・宗教とスピリチュアリティ[21]
・愛着関係の改善を目的とした家庭訪問による介入[22]

すなわち、**子どもが親や代替養育者（里親、親族、保育士等）と安全で安定した関係を築けたり、子どもが自分の住む地域で信頼できる他者（友人、教員、支援者等）や集団と関わりをもったり、主な養育者がサポートを受けることが、リスクを抱える子どものレジリエンスを高めうる**ということです。右記の列挙された各要因を眺めれば、インフォーマルな人間関係だけでなく、フォーマルな組織から提供されるサービスも有効であることがわかります。

もちろん、すべての人間関係や集団への所属が良い影響をもたらすわけではありません。非行的な仲間との関わりやカルト的な宗教教団への所属などが、子どもに悪影響を与える場合もあります。どのような人間関係やサポートがACEサバイバーの適応を促すかは、その質に注目して詳しく検討される必要があるでしょう。

図 4-1　レジリエンスを高める関係性中心モデル

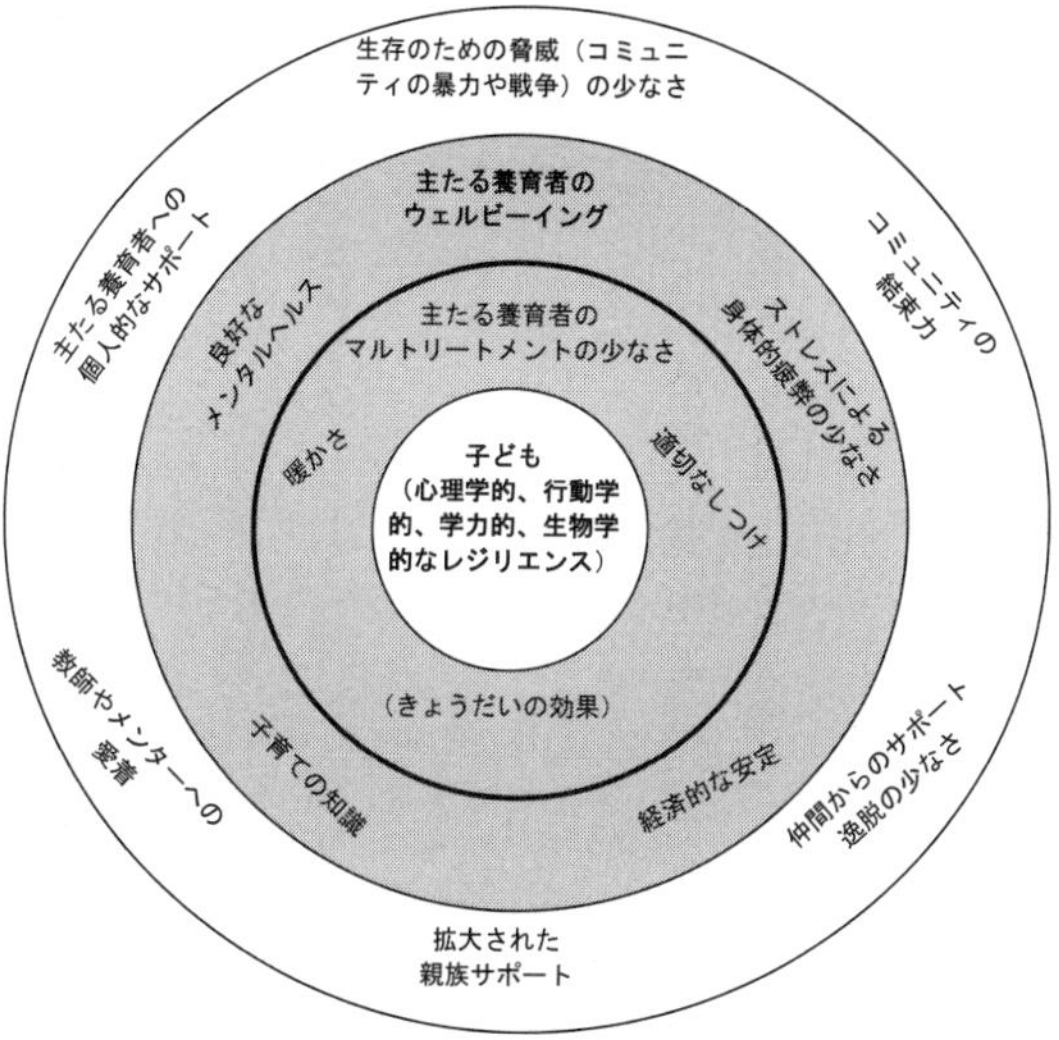

出所：Luthar et al.（2015: 273）の図 7. 1 をもとに筆者作成（一部、意訳）

図４－１は、児童発達が専門の心理学者であるスニヤ・S・ルターらが示した、レジリエンス要因に関する「**関係性中心モデル**」です。[3] ここでは、子どもと主たる養育者の関係を核として、それらが家族外の支援システムの文脈の中に位置づけられていることがわかります。この支援システム内の各構成要素は影響し合っており、一つの要素が他の要素の働きを高めるような相乗効果もあると考えられます。

この図で描かれているように、

子どもは常に社会関係の中に埋め込まれており、レジリエンスを発揮できるためには、子どもとその主たる養育者を包み込む社会環境の調節が重要だといえます。このイメージは、ACEサバイバーのレジリエンス要因を発見し、その可能性を高めていく際の手がかりとなるでしょう。

†促進要因と保護要因

ちなみにレジリエンス要因は、レジリエンスに寄与する機能のありようによって、「促進要因」と「保護要因」に分けられます。[23] レジリエンスの実態を正確に把握するうえでは、これらを区別することは一つの大事な論点になります（図4－2）。

「促進要因」とは、良好な適応に直接的に寄与する要因です。

一方、**「保護要因」とは、逆境体験と相互作用してその悪影響を緩和し、良好な適応を強化する要因**です。

「促進要因」がある場合、その恩恵はリスクを抱える人だけでなく、リスクが比較的低い人にも及びます。つまり、サポーティブな対人関係の中にいるか否かが、さまざまな集団の人々の心身をポジティブな状態にします。この促進要因が与える効果を、計量分析では

図 4-2　促進要因と保護要因の機能パターン

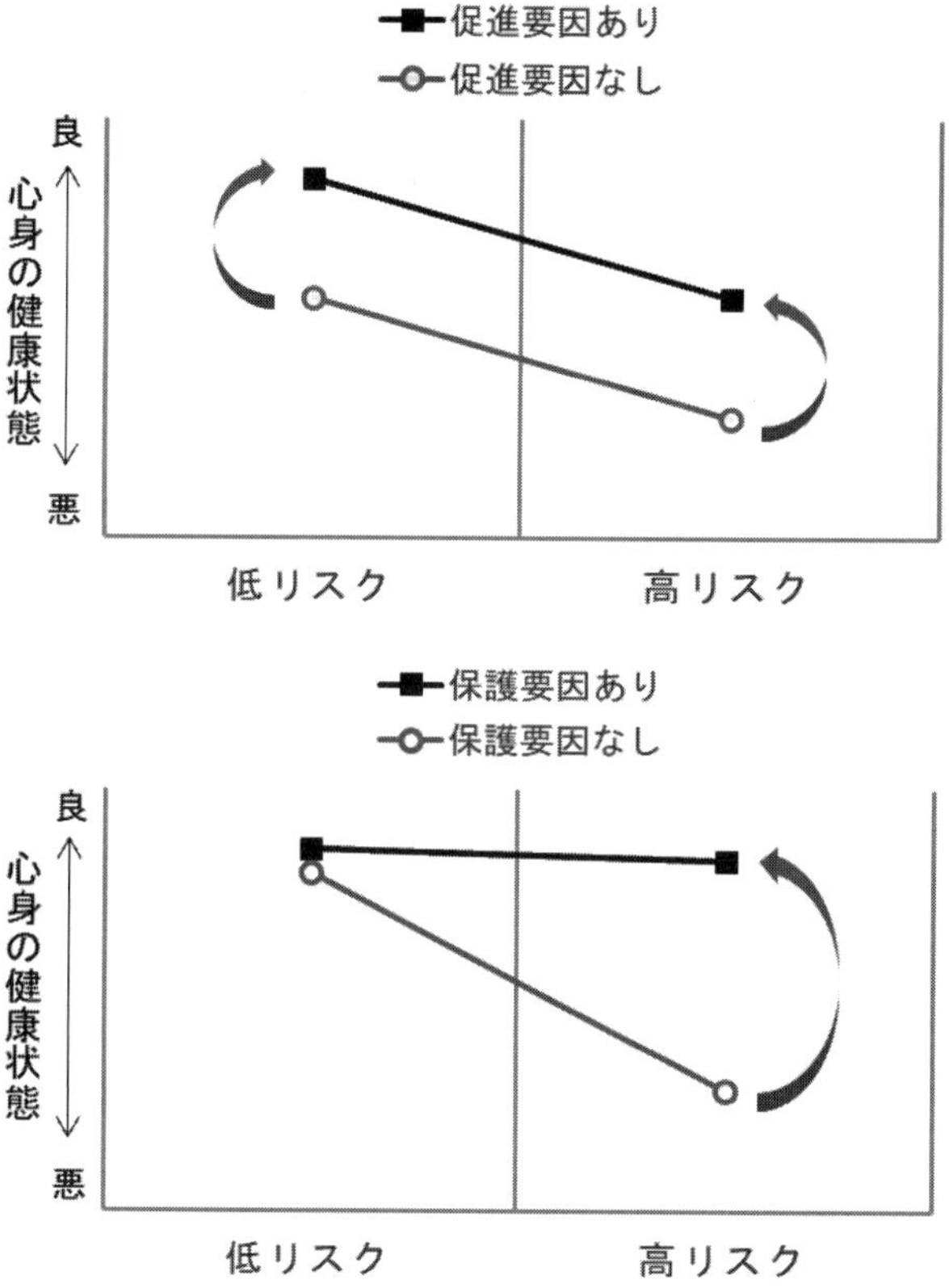

「直接効果」（あるいは主効果）といいます。

一方、「保護要因」の働きは、とくにリスクの高い人々に対して発揮されます。相対的なリスクが高い状況にある場合に、それが心身に与える悪影響を軽減する効果をもちます。言い換えれば、リスクの低い一般集団には影響を及ぼしませんが、高リスクの状況下では実質的な影響を与える（より大きな程度で効果がある）ことをいいます。この保護要因が与える効果を、「交互作用効果」といいます。

どちらかが重要、というわけでなく、促進要因も保護要因もともに、リスク状態にある人の良好な適応に貢献するものとして捉えられてきました。

この促進要因と保護要因の実例を、日本での全国調査から得られたLSWデータを使って紹介しましょう。ここでは、実際に特定の要因がACEと各種指標の関連に対してどのような影響を与えるか、すなわち、促進要因あるいは保護要因として機能しているかを確認します。

3　全国調査データからみるレジリエンス要因

†子ども期の良い体験（促進要因）

本書が中心的に取り扱ってきた「子ども期の逆境体験（ACE）」と対になる概念が、**「子ども期の良い体験**（positive childhood experiences：PCE）」です。

最近の研究では、アメリカ・ウィスコンシン州に住む18歳以上の6188人を対象とした調査において、子ども期（18歳になるまで）の良い体験（PCE）が、成人後のうつ症状や精神的な問題が発生するリスクを軽減することがわかっています[24]。

この研究で使用されたPCEスコアを算出するための7項目が表4－2です。内容を見ると、図4－1に示されたレジリエンス要因に重なり合うものが含まれています。

この研究の主な結果を図示したものが、図4－3です。**成人期にうつ・精神的問題を有**

表4-2　Bethell et al. (2019) で用いられたPCE項目

(1)	家族に気持ちを打ち明けることができた
(2)	困難な時に家族が味方になってくれた
(3)	家の中で大人に守られ安心していた
(4)	親以外で自分に心から関心を持ってくれていた人が少なくとも2人はいた
(5)	高校で帰属意識を持てた（不登校や自宅学習者は除く）
(6)	友人から支えられていると感じた
(7)	地域の伝統行事に楽しく参加できた

する可能性（調整オッズ）**は、ＰＣＥスコアが「0〜2」の人と比べると、「3〜5」の人は50％低くなり、「6〜7」の人は72％低くなる**ことがわかります。

ＡＣＥスコアが高くなればなるほど、不健康度が高くなる傾向を、ＡＣＥと不健康の「用量反応関係」といいますが、ＰＣＥスコアが高くなればなるほど、健康度が高くなるという方向性の「用量反応関係」をここで認めることができます。

この分析では、ＡＣＥスコアが統制されていますから、この分析結果は、「**ＡＣＥスコアの高低にかかわらず、ＰＣＥは成人期のうつ・精神的問題の発生を抑止しうる**」ことを意味しています。

すなわち、自分を守り、味方になってくれる家族がいたり、家族以外に自分を支えてくれる大人や友人がいたり、コミュニティに帰属できたりした子ども期のポジテ

図4-3　うつ・精神的問題を有する調整オッズ比

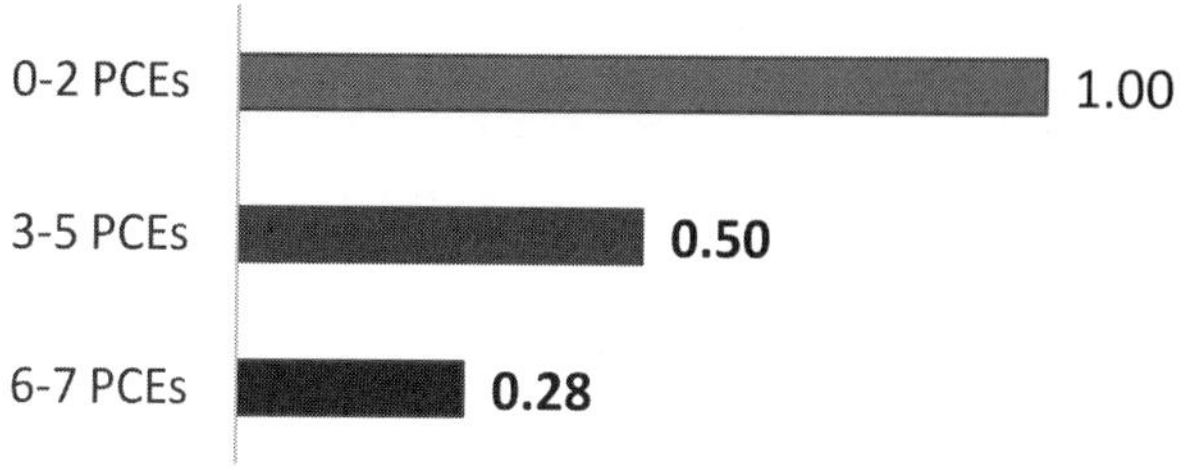

注：年齢・性別・人種・収入・ACEを統制。太字は5%水準で有意
出所：Bethell et al.（2019）をもとに筆者作成

ィブな経験（PCE）は、促進要因として、多くの人々の成人期のメンタルヘルスを良好な状態にするのに役立つといえます。

さて、これはアメリカでの研究知見ですが、日本でも同じような傾向は見られるでしょうか。

日本全国の2万人を対象として実施されたLSW調査では、5つのPCE項目についても回答を求めています（表4-3）。子どもの頃の状況について、各項目の記述が「やや当てはまる」「とても当てはまる」と答えた場合を1として、5項目での合計値をPCEスコアとして算出しました（最小値0～最大値5。平均値：2・3）。

図4-4は、成人期におけるうつ・不安障害（「K6」という指標が13点以上）、自殺念慮（過去1年の間に「自殺をしたい」と考えたことがあった）の生じやすさ（調整オッズ比）を、PCEスコアごとに比較したものです。

表4-3　LSW調査で用いられたPCE項目

(1)	自分の気持ちを家族の誰かに話すことができた
(2)	大変なときに家族の誰かが支えてくれたと感じた
(3)	自分を気にかけてくれる親以外の大人がいた
(4)	家庭以外に、居心地の良い居場所があった
(5)	友達または恋人に支えられていると感じた

これを見ると、**重度のうつ・不安障害の生じやすさは、ＰＣＥスコアが「0～1」の人と比べると、「2～3」の人は23％低くなり、「4～5」の人は52％低くなる**ことがわかります。

また、**自殺念慮の生じやすさも、ＰＣＥスコアが「0～1」の人と比べると、「2～3」の人は27％低くなり、「4～5」の人は48％低くなる**ことがわかります。

これらはＡＣＥの影響を統制して得られた結果ですから、ＡＣＥサバイバーにおいても、またそうでない人々においても、ＰＣＥが成人期の精神的不調のリスクを軽減しているといえます。

さらに、図4－5では、非大卒、貧困、社会的孤立（情緒的サポートの欠如）の生じやすさについても、ＰＣＥスコアごとに示しています。

ここでも、ＰＣＥスコアが「0～1」の人と比べると、「4～5」の人の調整オッズは、非大卒で27％、貧困で31％、社会的孤立で59％低くなっています。**教育達成が不十分であったり、成人**

図 4-4　PCE スコアごとの精神的不調の調整オッズ比

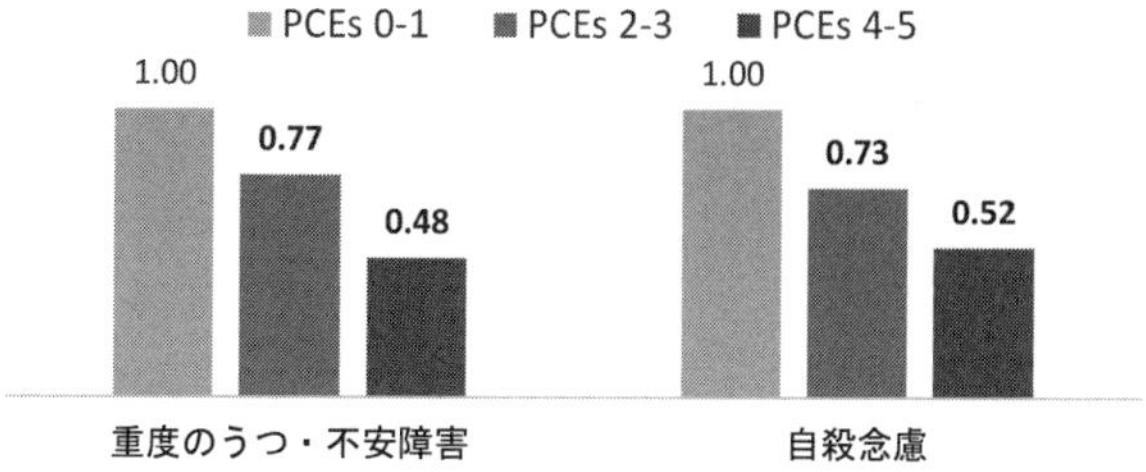

注：年齢・性別・子ども期の貧困・父非大卒、母非大卒・ACE を統制。太字は 5% 水準で有意

図 4-5　PCE スコアごとの SES・孤立の調整オッズ比

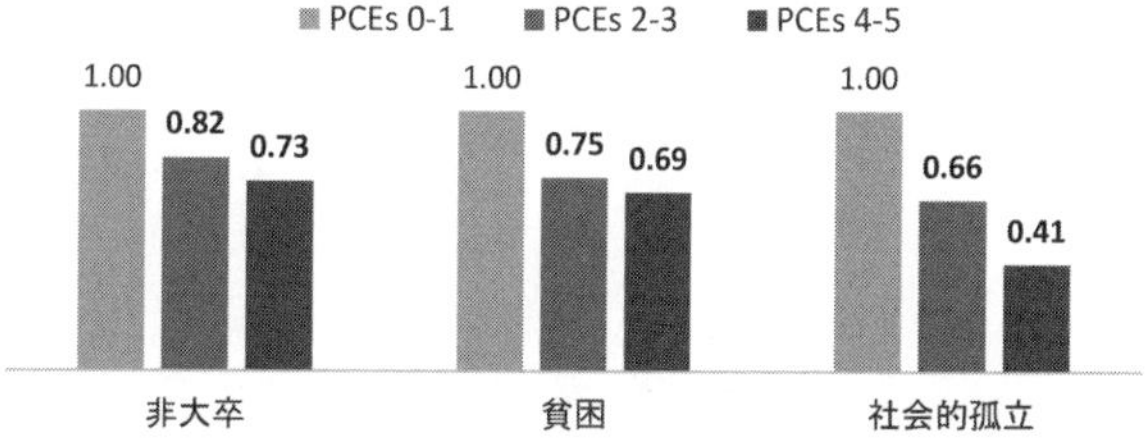

注：年齢・性別・子ども期の貧困・父非大卒、母非大卒・ACE を統制。太字は 5% 水準で有意

後に経済的に困窮したり、誰にも悩みを相談できない状況に陥る可能性を、ＰＣＥは明らかに減じさせているということです。

以上から、日本においてもＰＣＥの促進要因としての効果が、メンタルヘルスの面でも、社会経済的地位（ＳＥＳ）の面でも、人間関係の面でも認められました。

逆境に曝された子ども期を送った人でも、もしその過去の日常に自分を受け止めてくれる片方の親や家族の誰か、親以外の大人や仲間、そして自分が受け入れられる居場所などをもっていたならば、また違った人生を歩める可能性があったといえます。子どもを取り巻く家庭、学校、地域社会の中で、こうしたレジリエンス資源に子どもたちが恵まれていれば、子どもたちは健全に心身を発達させ、より豊かなライフチャンスを手に入れることができるかもしれないのです。

この事実は、非常に示唆的です。ACEそのものを少なくするための対策と同時に、PCEをいかに現代の子どもたちに与えられるかが問われているといえるでしょう。

今、親として、親族として、教員として、地域社会で暮らす住民として、あるいは他の立場をもった大人として、子どもに関わる機会を読者の皆さんがもっているとしたら、一人の子どもでも気にかけることで、その子に良い影響を及ぼせる可能性を信じ、行動していただきたいです。

†子育て期のソーシャルサポート（保護要因）

つづいて、保護要因の例を紹介しましょう。

第3章では、ACEサバイバーである親が、その子どもにマルトリートメントをする傾向があるという現象、すなわち「逆境の連鎖」が日本でも生じていることが示されました。では、この連鎖を止める方策はないのでしょうか。ここでは、マルトリートメントに対するACEの悪影響を緩和する保護要因について考えます。

これまで多くの研究で、ソーシャルサポートは親へのポジティブな影響を通じて、ストレスの多い状況下での子育てを強化する可能性が最も高いと論じられてきました。[9] ソーシャルサポートは、とくに不利な立場にある親が子育てをする際の保護要因になりうるということです。[a]

LSW調査では、日本語版「ソーシャル・サポート尺度[25]」を用いて、周囲の人間関係から得られるサポートの程度を捉えています。具体的には、「必要なときに、私の家族は私の心の支えとなるような手を差し伸べてくれる」「私の友人たちは本当に私を助けてくれようとする」「私は喜びと悲しみを分かちあえる人がいる」といった7項目です。各項目に対し「非常にそう思う」(7点)から「まったくそう思わない」(1点)」の7件法で回答を求め、その合計値をソーシャルサポートスコアとしました(最小値7〜最大値49。平均：34・3)。

18歳未満の子どもをもつ人を対象に、このソーシャルサポートスコアが、ACEとマル

表 4-4　ACE とソーシャルサポートの交互作用効果

	身体的虐待	心理的虐待	ネグレクト
	オッズ比	オッズ比	オッズ比
ACE	1.84 **	2.27 **	1.52 **
サポート高群	0.97	0.99	0.53 **
ACE×サポート高群	0.78 *	0.70 **	1.15

注：n=5,256. **<.01, *<.05. 親年齢・親性別・末子年齢・婚姻状況・子きょうだい数・親の出身 SES を統制

トリートメントの関連を緩和する効果（つまり、調整効果 moderation effect）をもつかどうかを検討した結果が表4－4です。

表4－4は、マルトリートメントを従属変数としたロジスティック回帰分析の結果です。ここでは、ACE変数（ACEスコアが「1以上」か「0」）と、ソーシャルサポート変数（35点以上の「高群」か、34点以下の「低群」）の交互作用項（2つの変数の掛け算項）に有意な効果があるかを検討しています。もし有意な効果があれば、「ACEの効果は、ソーシャルサポートによって強まる／（あるいは）弱まる」といえます。

表4－4を見ると、身体的虐待と心理的虐待において、1を下回る（マイナスの）有意な交互作用効果を確認できます。つまり、**身体的・心理的虐待に与えるACEの効果は、サポート高群では弱まる**ということです。なお、ネグレクトでは、

有意な交互作用効果はありませんでした。

この交互作用効果を理解しやすいように、視覚的にこの現象を説明しましょう。図4-6と図4-7は、先の表の分析モデルから得られた予測値を、ACEの有無×サポートの高低の組み合わせによる4グループごとにプロットしたものです。

図4-6では、ACEスコアが「0」の場合、「サポート低群」と「サポート高群」の身体的虐待の発生率はほとんど変わりません。しかし、**ACEスコアが「1以上」の場合、「サポート低群」よりも「サポート高群」のほうが、身体的虐待の発生率が6・4%低い**という結果です。

図4-7も、図4-6と同じようなグラフの形をしています。**ACEスコアが「1以上」の場合、「サポート低群」よりも「サポート高群」のほうが、心理的虐待の発生率が8・5%低い**という結果になっています。

すなわち、**親がACEサバイバーである場合に、ソーシャルサポートによって、身体的・心理的虐待のリスクが軽減（緩和）されている**ということです。喜びや悲しみを共有したり、心の支えになったり、困ったときに助けてくれるような人間関係をもつことは、ACEサバイバーというとくに不利な立場にある人にとって、虐待リスクを抑える「保護

図 4-6　サポートの調整効果（身体的虐待）

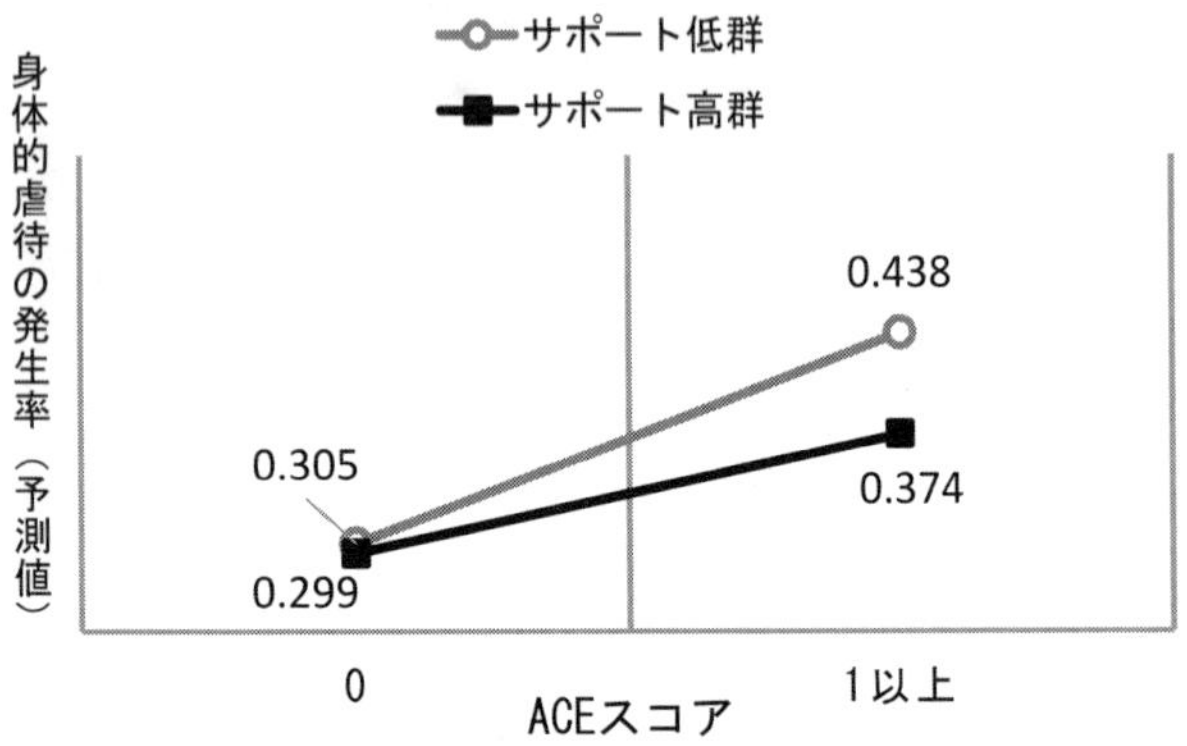

図 4-7　サポートの調整効果（心理的虐待）

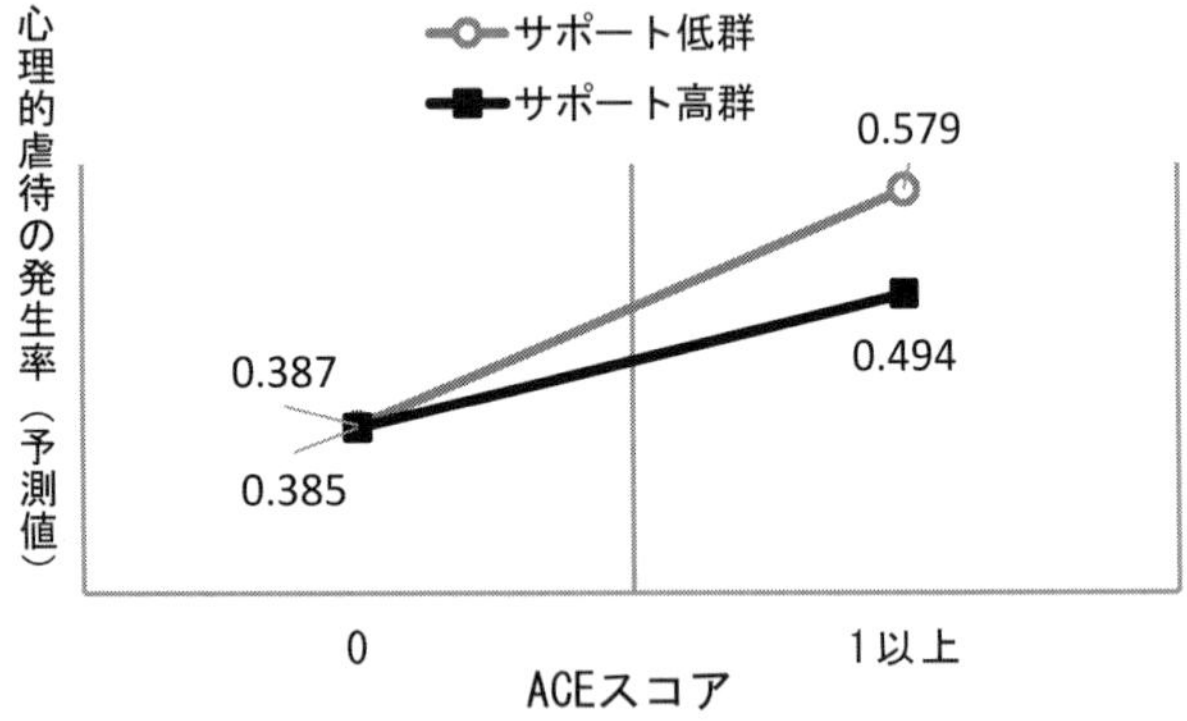

要因」となっているのです。

　家族で子育てをしていたり、子育てをする人が身近にいる人たちは、「逆境の連鎖」を断ち切れる可能性をもっているご自身の大きな役割に気づいていただきたいです。あなたの存在や相手との何気ない日々のやり取りが、もしかしたら子育て中の人が抱える養育上の困難を小さくできるかもしれないのです。


　ここまで、促進要因としてのＰＣＥ（子ども期の良い体験）、保護要因としての子育て期のソーシャルサポートについて、その効果が実際にあることを日本での調査データから示してきました。

　しかしながら現代日本では、世帯人数は縮小し、地域社会における人びとの交流は以前よりも少なくなっています。人間関係の希薄化が叫ばれる中、こうした外部の力としてのレジリエンス要因に富む人ばかりではありません。個人の努力に任せず、いかに社会的な取り組みとして、ＰＣＥや子育て期のソーシャルサポートを親子の周囲に組み込めるかを考えていかなければなりません。

a　三谷（2020）では、日本での全国調査データ（パネルデータ）からも、配偶者によるサポートや友人からのサポートが、子育て期の男女の孤独感を軽減する効果が確認されている[26]。

第5章 ACEサバイバーが語る人生

1　ACEサバイバーはいかに生き延びたか

ここまでにACE研究の主要な知見や、日本での全国調査データの分析結果を中心に紹介してきました。統計的なエビデンスは、ACEサバイバーが置かれた現状を正しく捉えるために重要です。

しかし、ACEサバイバーが生きる現実を、ありのままの形で知りたいという読者の方もいるでしょう。ACEサバイバーによる「語り」を通してこそ、リアリティを感じ取ることができる場合もあります。また、量的調査と質的調査の双方の側からの複眼的視点によってこそ、ACEサバイバーが生きる人生の内実をよりよく捉えられるともいえます。

そこで本章では、**筆者が直接インタビューを行ったACEサバイバーの生活史（ライフヒストリー）**を紹介します。[a]

ACEサバイバー本人が語る人生のあゆみは、壮絶で濃厚で、圧倒される内容ばかりです。これまでに負った多くの傷と、その傷を抱きながら乗り越えようとしてきた日々についての語りは、今、ACEサバイバーとして人知れず苦しんでいる人々の力になるだろうと思います。また彼らの語りを通じて、前章で紹介したレジリエンス要因が個人の人生においてどのように機能しているのか、困難を乗り越えていけるための社会環境とは何か、といったことを現実的な観点から考察できると思われます。

ここでは、詳細な情報の掲載の許可をいただいた、2人のACEサバイバーの生活史を取り上げます。この方々はとくに壮絶な過去をもちつつも、現在、医療者として他者を支援する仕事に就き、自立した生活を送っておられます。

†B子さんのケース――生きる価値としての「貢ぐこと」……その解放まで

B子さんは、ACEスコア「4」に該当する方です（心理的虐待、身体的ネグレクト、近親者間暴力、精神疾患の家族）。

B子さんは1960年代に、一流企業に勤める父親と、専業主婦の母親、4歳上の姉がいる家庭に誕生しました。最初の記憶は3歳の時、「姉が頭を包帯でぐるぐる巻きにされていて、何日もそのままだった。姉は悲しそうにしていた」というものでした。まだ7歳くらいの姉に、母親は毎日、殴る蹴るの身体的虐待を加えていました。母親によると、姉は「努力しないと愛せない子」でした。

B子さんに対しては、露骨な身体的虐待はなかったものの、物心ついた頃から常に「早くパパやママにお金をちょうだいね」と吹き込まれ、「貢いでくれたら愛してあげる」「お前は貢がないのなら生きている価値がない」というメッセージを受け続けたといいます。実に、幼稚園の時からのことでした。

B子さんが小学校に上がると、母親は血圧が低いからといって、朝起きてこなくなりました。食事は家族バラバラ、置いてあるパンと牛乳を各自が食べて行きました。この頃から、小児科や歯科には一人で行かされたといいます。

母親は、B子さんにはその地域で有名な私立女子中学に入ることを求めました。B子さんは、300人くらいが受けた入塾テストで1番を取るくらい優秀でしたが、その後成績が少しでも下がると母親の顔は曇りました。いついかなる状況でも、1番でいることを要求されたのです。

父親は、基本的に娘たちには関心がなく、時々奇妙な言動が見られました。躁状態になって散財したり、B子さんを夜中に起こして、訳のわからない話を延々と聞かせたりしました。B子さんは、当時の父親は「双極性障害だったと思う」と振り返ります。

放課後には友だちと遊ぶことなく、電車で塾に通い、夕食は喫茶店かファストフードで済ますという日々でした。その努力は実り、名門の私立女子中学に合格しました。それでも母親は「受かって当たり前」の様子でした。

中学生になってから、母親と一緒にいると違和感を抱くようになってきました。給食のない学校でしたが、母親はお弁当を作ってくれず、遠足の時ですらB子さんが自分で作りました。しかし、必要なお金をもらえたB子さんはまだましで、この頃高校生だった姉は、1日100円しか渡されず、やせ細っていました。

B子さんは中学生の頃から、母親の気に染まないことをすると「契約違反」と言って責められました。そうした状況について、ただ話を聞いてくれる大人に会いたくなり、市民相談窓口に行ったこともありました。相談員の年配の女性から「何もしてあげられないわ……」と言われましたが、最初から諦めていたので何も感じることはありませんでした。

学費の高い私学の女子校だったので、会社の社長の娘や病院の院長の娘が大半で、気楽になじめる子は少なかったといいます。その中で、「なんとなく、自分は異物だという気分」でした。中学校での記憶はほとんどない一方、塾では充実しており、試験勉強は熱中できるものでした。この頃には医学部進学を希望しており、高校はエスカレーター式で大学まで行けるお嬢さん学校ではなく、別の進学校を目指しました。

B子さんは国立の進学校に、2番の席次で入学しました。この頃から、父親には「お前には投資してるんやからな。たっぷり利子つけて返せや」とよく言われるようになったといいます。母親は父親を一方的に嫌うようになり、夫婦関係が悪くなっていきます。そのストレスのはけ口が、B子さんにも向かいます。

「私がこんなに不幸なのに、あんただけ幸せになるなんて絶対許さない。どんな手を使ってでも阻止してやる」「結婚なんか絶対しないで、仕送りしろ」と時々言うようになりました。B子さんは、初めて聞いた時は驚愕するも、次第にそんな母親を「可哀相だな」と思うようになりました。

母親は、実の両親とも愛人がおり、その後実母から捨てられ、継母から虐待を受けて育ちました。父親は9人きょうだいのネグレクト家庭で育ちました。両親とも「愛することも、愛されることもわからない生い立ちだった」とB子さんは言います。B子さんが思い出すに、両親は贅沢品にお金をよく使っていました。両親とも、お金はあればあるだけいいという感覚で、自分たちの満たされない心をお金で埋めようとしているかのようでした。

高校生のB子さんは家に帰るのがたまらなく嫌で、よくファストフード店で時間を過ごしてから帰ったといいます。「居場所がない」という言葉が頭の中に常駐していました。高校3年生の時には、拒食と過食の症状も見られました。

下宿はお金がかかるので許さないと言われ、実家から通える距離の国立大学医学部を受験しました。出来は悪く、「落ちた」と自身では思っていました。

しかしB子さんは、その超難関の医学部に、現役で見事に合格しました。その合格掲示板を見た瞬間に、「これでいつでも死ねる」と思ったそうです。

大学は当時、出席すら取らない甘さだったので、B子さんは高3の秋から交際を始めた高校の同級生とよく遊びました。両親は、この彼と付き合うことに反対で、「契約違反だから裁判にしてやる。絶対こっちが勝つ」と言って、B子さんをたびたび脅しました。

この恋人と別れた後、B子さんは医学部の同級生にデートレイプされます。慰めてほしいという気持ちでそのことを母親に打ち明けると、「その子と結婚しなさいよ。医者になるんでしょ、すごくいいじゃない！　ねえ、どう？」と満面の笑顔で目を輝かせたといいます。もちろん、自分たちへの送金を期待しての発言でした。

その後、B子さんは短いスパンで交際する男性が替わります。彼氏の交際相手の彼女から嫌がらせを受けるなど、男女トラブルも経験します。大学4年の時に交際を始めた芸術家の恋人には首を絞められ、彼自身がその後、自殺未遂を図って精神科に入院します。B子さんは、彼に黙って中絶を行い、その後、「いろんなことがしっくりいかず」、自殺を心に決めます。

大学5年生（23歳）の時、人けのない山間部で自殺を図ります。ナイフで鼠径部を切るも動脈を外し、首などを刺すもうまくいかず、結局未遂に終わりました。病院に運ばれ、翌日両親が来た時、母親の第一声は「新聞に載らなくてよかった！」でした。父親はニヤニヤしていたので、「金づるの私が死なずに生き残ったことに安堵していたのかもしれない」とB子さんは振り返ります。

母親はその後もう一度来て「あんた、お金持ってたでしょ。どこにやったん」と訊き、「遣ったり友達にあげたりした」と返すと、「親に残そうと思わへんの！　この親不孝もん！」と罵られました。この期に及んで両親は、B子さんの命や気持ちよりも、やはりお金を心配しました。

B子さんは、何とか歩けるようになり退院してすぐ、1回目と同じ産婦人科で2回目の中絶をしました。内出血で半分くらい赤紫色になっている太ももを見て、医者は驚いていたといいます。退院後、大学の診療所の精神科に通い始めました。「頭に鉄のタガがはまっていて、中に鉛の粒と水銀が詰まっているようだった」。眠れない日が続きました。その時は、うつ病と診断されました。

卒業試験にはぎりぎりで合格し、大学は卒業できました。しかし、卒業後に受けた医師国家試験には不合格でした。両親は怒髪天を衝く勢いで、「本来だったら医者になって思いっきりたくさん仕送りをするはずなんだから、契約違反だ！」と責め立て、B子さんに仕送りを要求したのです。実家には絶対戻りたくなかったため、大学5年生から暮らしているアパートにそのまま住んで自活し、仕送りをすることにしました。「要求に反発しても無駄だと思っていたが、それはすでにしっかり洗脳されていた」。

B子さんは、スーパーのアルバイトを見つけ、早朝から昼下がりまで仕事をしました。その頃には、ウオッカを3日で2本、または毎晩ビール大ビン6本を飲み干す生活でした。毎日、顔の周りにアルコールの霧を振りまきながら働き、勉強を続けました。

2回目の国家試験には合格しました。25歳の時にとある総合病院に入職しました。主な所属先であった消化器外科では、2年間に10人の受け持ち患者が亡くなり、毎晩代わるがわる夢に出てくるのでした。他の病院での当直も多いため睡眠剤も飲めず、B子さんはだんだん疲弊していきました。いわゆる「バーンアウト」です。

忙しさのあまり、銀行のATMにもまったく行けず、使う機会もないままお金は貯まっていくばかりです。そんな時に、親から「これまでの教育にかかったお金を返せ」と言われ、唯々諾々と貯金の全額、二百数十万円を送りました。父親は「こんなもん、お前にかけた金のほんの一部じゃ。まだまだ返せ」と言いました。

医師3年目は別の大学病院に入職しました。しかし周りには、焼身自殺未遂の人、やる気のない医者など、日常は落ち込むことばかりで、5カ月で辞職します。「もう医者の仕事は一生しない」と心に決めました。

27歳の時、高校生の頃から漠然と憧れていた、長距離トラック運転手になります。両親は「きっと悪い男に捕まって金を巻き上げられるに違いない」と落胆し、嘆きました。

同僚の男性と男女関係になり、彼が家に転がり込んできて同棲が始まりました。「どこか、なにがどうなってもいい、という気持ちがあった」。この頃には、親に仕送りするのをやめたくなり、中止しましたが、親は医者に復帰させることが不可能とわかると、うるさくは請求してこなかったといいます。

トラックの走り方が未熟だったB子さんは、交通違反を繰り返し、免停になってしまったため、間もなくして運転手の職は辞めざるをえなくなりました。派遣社員などのさまざまなアルバイトをしましたが、元々板前だった彼が自分の店を持ちたいというので、高収入が得られる医師のアルバイトをすることにしました。

彼はサラ金に借金があり、雇われ板前に戻っても月10万に満たない収入だったので、B子さんがひたすら稼ぎ、費用を工面しました。29歳の頃です。健康診断、献血の予診をとる仕事、コンタクトレンズを処方する仕事など、少しでも高い給料が入るのなら何でも、トリプルワークで必死に働きました。

こうすることで、B子さんは「生きていていい」と自分を納得させていたのです。いつしか貢ぐ相手は、親から交際相手に変わっていました。

31歳の頃、その彼と入籍しました。彼のことは好きかどうかわかりませんでしたが、彼の両親がB子さんのことを可愛がってくれ、「この2人の娘になりたい」と思って入籍を決めました。夫とは、大事なことを話し合える関係性ではなく、いわば「良い飲み友達」でした。けれども、結婚していた10年ほどは精神科に通うことはありませんでした。

30代はひたすら働き、34歳の時に居酒屋を開店し、36歳で一軒家も購入しました。すべてB子さんが用立てました。必死で働いている時、膠原病やメニエル氏病を発症しましたが、治療はできませんでした。37歳、小さなビルをローンで買って、お店を移転しましたが場所が悪く閑古鳥で、開店3カ月後には経営破綻となりました。借金が約3000万円残りました。夫は国外に出稼ぎに行き、B子さんも遠隔地の診療所で常勤勤務を始め、38歳の時、淡々と離婚に至りました。

ひとりになったB子さんは、元夫に返済能力がなかったので、借金を返すためになお必死に働きます。借金をほぼ返し終わった41歳の時、一から眼科の勉強をするために某地方国立大学の医局に入局します。ここで軽躁状態になり、「双極性障害」と診断されます。その後、5時に起きて21時まで働く毎日でうつ状態になり、8カ月間、市中病院に入院します。退院後、別の個人クリニックに転職するも、理事長からパワハラを受け、次第に持病のメニエル氏病が悪化し、働けなくなりました。次に転職した総合病院でも、外来の5人のスタッフからのいじめ（完全な無視）に遭い、うつ状態のため9カ月で退職に至りました。ここでも、4カ月間、前と同じ病院に入院します。退院後、個人クリニックでの職を転々とします。

50歳の時、昔の同僚に招かれ、その人が事務長をしている個人クリニックで働き始めました。この既婚の事務長に、B子さんは恋愛感情をもっていました。その事務長から、資産運用をしてあげると言われ、借用書なしでどんどんお金を渡しました。多額のお金を渡すため、休みなしにアルバイトもしました。やはりこの時も、貢ぐことで精神を安定させていたのです。B子さんの総資産は、常に3万円でした。事務長は最初からB子さんのお金をだまし取るつもりだったことを知ったのは、民事訴訟になってからのことでした。

54歳の時、心因性の視力低下を突然発症しました。その頃、総合病院の眼科で働いており、最もやりたい仕事ができている時だったので、「泣く泣く眼科を断念して退職した。これは辛かった」と振り返ります。

求職中、矯正医官が募集されていることを知り、矯正医療に携わりたくて応募し、54歳の時に採用されました。その公募情報は、40歳ぐらいから連絡を取るようになった実姉が教えてくれました。矯正医官とは、刑務所や少年院内に設置された診療所等において、被収容者の健康診断を行ったり、病気に罹った場合の治療を行ったりする医療職のことをいいます。

B子さんは56歳の現在、某少年院で矯正医官として働いています。少年たちのおおむね8割がたには被虐待経験があることから、「自分も虐待されてきたから、そういう子たちにちょっとは寄り添うことはできるかなと。少しでも少年の更生の役に立てれば」と思って働いているといいます。精神医学・心理学に造詣が深く嬌正医療に理解のある上司と、気さくに話せる同僚に恵まれ、現在は居心地の良い職場で働けているといいます。

それでも、お金との距離の取り方がわからず、いまだに「もっていると不安になる」ので、銀行の残高や給与明細を極力見ないようにしているそうです。この数年、問題飲酒が続いており、断酒会にも入会して月2回の定例会に出席しています。「フェリーで外洋に行って溺死したいという思いを拭えないまま、迷いながら生きている」のが本心です。「貢ぐことなく条件なしに愛されたら、自分自身に『生きてていいよ』と多分言えるのでしょうけど、本当にそういうことが起きうるとはいまだに思えません」。

B子さんは今、「いつかは死ねる」ことを原動力に生き続けています。

†C美さんのケース――養母の死による自縛からの回復

C美さんは、ACEスコア「5」に該当する方です（身体的虐待、心理的虐待、性的虐待、心理的ネグレクト、親との別離）。

1970年代に、当時16歳だった母親はC美さんを出産し、生まれてすぐにC美さんは乳児院に預けられました。実の母親も父親も、戸籍で確認した名前しか知らず、記憶も面識もありません。実母については写真が手元に1枚だけ残っており、その顔はC美さんに生き写しだといいます。「自分にすごく似てて、あぁ母なんやなぁと思うけど、完全に母とは思えない。8割他人みたいな」という印象です。

C美さんは3歳の時に、養子縁組されました。物心ついた時には、C美さんは養父、養母、7つ年上の義兄がいる家庭にいました。養父と養母は、幼かった娘を交通事故で亡くしているため、女の子を亡くした穴を埋めてくれる存在としてC美さんを引き取りました。

この家庭での居心地が、非常に悪いものだったといいます。C美さんにとっては、「実の親も、育ててくれた親も、どっちも自分の家族とは100%思えない」と語ります。

C美さんが最も強烈に覚えているのが、養母から実の子どもではないと告知された時のことです。実に、4歳の時でした。

「『あなたのことを本当に大切だと思っているし、本当のお母さんのつもりでいるからね』って言われたけど。それが全然、子どもながらに、入ってこなかったんですよね。ただただ、『あなたはうちの子じゃない』っていうとこしかもう入らなくって。そっから本当に多分、すっごい心閉ざして。それは小学校2年生ぐらいまでまともに後を引いて」。

この養母による「告知」のために、C美さんは子どもらしく育つことができなかったといいます。[b] 自分が両親の本当の子ではないことを知ったC美さんは、悪夢にうなされるようになりました。自分の頭の上で、大人たちが大きな布団を投げ合い、まるで戦争を繰り広げるかのような夢を、毎晩のように見たといいます。

当時のことを振り返ると、子どもらしい楽しかった場面を思い出すことはできません。告知を受けた時のことをはじめ、悪いことをしてお線香で灸を据えられた時のことなど、怖い記憶だけが鮮明にC美さんの頭に残っています。

小学校に上がったC美さんは、過呼吸の発作のために頻繁に学校を休みました。休まない日も、保健室登校となる日が続きました。学校を休んだ日は、養母に一日中抱っこをせがみました。膝の上に乗ってしがみついて離れなかったC美さんを、当時の養母は抱きしめ続けてくれたといいます。「それもすごく覚えているんですよ。今の私があるのは、多分、その時にしっかりお母さんが受け止めてくれたから」。2年生からの1年間は、不安障害治療のために、子ども病院へカウンセリングに通いました。

C美さんは、その時自分に向き合ってくれた養母に感謝しつつも、告知をしたことへの疑念を拭い去ることはできません。

「私はやっぱり、告知をしてほしくなかったですね。お母さんは『本当のことを言わなければ』みたいな正義感で、衝動に駆られて言ったんやろうなって想像はつく。でもそれはやっぱり軽率やし、すごいセンシティブなものやから、よくよく考えて言うべきことやったんじゃないのって。中学校、高校に入ったタイミングとか、もう少し遅かったら、私の不安障害っていうか、そういうのはなかったかなって」。

家族に転機が起こったのは、C美さんが中学生の時でした。14歳の時、養父がC美さんに性的な接触をするようになりました。今までと異なる雰囲気でくっついてきたり、後ろから抱きついてくる養父に対し、C美さんは気持ち悪さと腹立たしさを覚えました。しかし抵抗はできず、他人に言っても信じてもらえるとは思えず、ひたすら耐えました。養母はそんな2人の様子にまったく気づかないわけがありません。「母は認識していたけど守ってはくれなかったし、むしろ嫉妬したのかなって」。

その後、C美さんが中学校を卒業する少し前に、養父と養母は離婚します。C美さんは、先の一件が離婚のトリガーになったのではないかと考えています。

C美さんは、15歳で養母と一緒に育った家を出ました。しかし養母からは、「高校に行きたかったらこの家に残れ。私についてくるんやったら高校にも行かせないし、ご飯も食べれると思わんとって」と言われ、暗に一緒に暮らすことを拒否されました。身の危険を感じていたC美さんは、とりあえず養母と一緒に家を出るも、自身は上京し、美容院に就職して、一人暮らしを始めました。

C美さんは美容師見習いの仕事を始め、2年ほど続け、より高いお給料を求めてスナックなどの水商売でも働きました。この間、養母と連絡を取り合うことはほとんどありませんでした。養母はまったく相手にされない男性に入れ込み、安定していない様子でした。C美さんに対してうんざりしている印象をC美さんは感じていました。

その養母は、C美さんが19歳の時に自殺します。水死体で発見された養母の葬儀を出したのは、C美さんでした。

突然の出来事への整理がつかない状況で、さらにC美さんを追い詰めたのが、養母の親戚一同から受けた仕打ちでした。葬儀に来た養母の親戚たちは、口々に「お前が殺したようなもんや」「お前のせいで不幸になったんや。お前が死んだらよかった」と罵ったといいます。

なぜそんなことを言われるのかと、混乱するC美さんでしたが、「すごい子どもやったし、大人にそんな風に言われたら『そうなんや』ってすごい思い込んでしまった。そっから、かなり長い間、『いつか自分も母みたいに不幸になって死ぬんや』って自縛にとらわれてました」。

しかしC美さんは、この出来事を機に一念発起し、高校に行くことを決意します。養母が亡くなり、完全に天涯孤独となった身で食べていくためには、水商売では難しいという判断でした。そもそもC美さんはお酒が飲めず、今の仕事で一生食べれるとも思っていませんでした。「今の状況を変えないと、生きていけないという危機感」がありました。

C美さんは20歳の時、地元の通信制高校に入学し、夜は水商売で働きながら、勉強に励みました。高校に来ている他の生徒は、やんちゃな子ばかりだったので、まったく友だちはできませんでした。しかし高校卒業資格を得ることが目的だったので、それでいいと思っていました。本来は4年制のところ、C美さんは大検（大学入学資格検定）を受けて合格し、3年で卒業しました。

高卒資格を得た後は、OLの仕事に就きました。そうしている間に阪神・淡路大震災が発生し、C美さんが当時住んでいたアパートが倒壊しました。幸い命に別状はなく、仮設住宅にも入れ、助成金で次のマンションにも入れました。しかし、生活費が足りなくなることもあり、そんな時は夜に飲み屋でアルバイトをするなど、生活は厳しいものでした。

その飲み屋に客として来ていた男性と、27歳の時に結婚します。相手はインフラ企業に勤め、安定した収入があるので、「なんか、もう働かなくていいなあと思って。とにかく楽になりたいと思って。そんな安易な気持ちで」結婚に踏み切ったといいます。

結婚生活は、C美さんにとって期待どおりとは言いがたいものでした。長男である夫の母親はすべてにおいて過干渉で、婚姻届すら取り上げて自分で出しに行く人でした。夫は実家にまったく寄りつきません。C美さんは義実家対応を押しつけられ、負担でしかありませんでした。

30歳の時に長男が誕生します。夫婦で希望したわが子の誕生は喜ばしいもので、赤ちゃんの頃の育児は苦ではありませんでした。

しかし、長男が1歳半ぐらいになってコミュニケーションをとれるようになった時に、「幼少期からずっと抱えてたものとか、母が亡くなってからのこととかっていうのが、もう一気に出てきました」。C美さんは、どうやって子どもに話しかけていいのか、愛情を示せばいいのか、初歩的なことがまったくわかりませんでした。「関係性をうまくつくれないのは、私に親の記憶がないからやって思った」。

自分の戸惑いを夫に話しSOSを出すも、夫はまったく向き合おうとしてくれません。マイペースな義母にももちろん頼れず、子育ては日に日に難しくなっていきます。少しでも助けてほしいと、保育所の一時預かりを利用するため区役所に行きましたが、就労していないC美さんはまったく相手にされませんでした。この頃、夫が仕事を辞め、経済的にも苦しくなりました。民間の保育利用は高額すぎて、手を出せませんでした。

「自分の怒りみたいなのを、どこに向けたらええねんっていう。そんなこと、人には話せないし、何かこうしゃべれる人もいなかったし。抱え込むし。ちょっとしたことで実家に帰って、子どもを見てもらうとかっていうような人（他の母親）に、まともに本当に、虫酸が走るってこういうことなんやなっていう感情を、常に抱いてました」。

けれどもC美さんは、子どもに食事を与えたり、きちんとした洋服を着せたり、早寝早起きをさせたりといった生活を整えることにまったく手抜きはしませんでした。それは、「自分みたいにさせたくない。天真爛漫に育ってほしい」という強い思いからでした。

32歳の時に次男が誕生し、C美さんは2児の子育てに奮闘することになります。長男が幼稚園に上がり、園の先生や友達との関わりがあるなかで、親子のコミュニケーションも取れるようになってきました。しかし、長男が小学校に上がってから、不登校になります。夫は長男のことをC美さんに押しつけ、相変わらず無関心でした。

子育て中、夫はまったくサポートをしてくれず、義実家との付き合いを強要される生活の中で、C美さんは離婚を決めます。「夫婦でいるのに一人でこんなにしんどいんやったら、シングルになって、手当もらって働いてしんどいほうがよっぽどマシや」という思いでした。37歳の時、ちょうど長男が小1、次男が年中の時でした。離婚を切り出された夫には、子どもを引き取るという発想すらなく、そのことがC美さんをさらに幻滅させました。

離婚後、夫は養育費を送ってくれましたが、それも3年で途切れ、子どもたちに会いたいという連絡も来なくなりました。子どもも、父親に会いたいとは言わなくなりました。

C美さんは離婚後、高等職業訓練促進給付金を利用して、看護学校に行くことを決意します。この給付金は、ひとり親が資格取得のため、1年以上養成機関で学ぶ際に生活費を支援する制度です。C美さんはそもそも、小学校の卒業文集に「看護師さんになりたい」と書いていました。また出産時に全面的サポートをしてくれた看護師に大いに救われ、憧れをもっていました。諦めていたその夢が、「ひょっとしたら、シングルマザー向けの給付金があれば、生活しながら学校行けるかもしれへん」という希望に変わり、一念発起して看護の道に進むことにしました。「ここまで生きてきたからには、絶対に幸せになったんねん」という執念もありました。入学試験に無事合格し、39歳で看護学生となりました。

しかし、ひとり親として子育てをしながら、看護学校で学ぶ日々は楽ではありません。給付金だけでは到底足りず、日本学生支援機構の奨学金を満額借り、入学前に介護ヘルパーとして働いていた病院からも奨学金をもらい、病院でアルバイトもして、何とか家計をやりくりしました。夜ご飯を子どもたちに食べさせた後、4時間ぐらいずっとベランダでタバコを吸うなど、当時は精神的に「ちょっとやばかった」と振り返ります。心療内科で抗うつ薬も処方してもらっていました。そこの医師からは、「学校卒業して、資格取ろう。資格取ったら、あとは生きていけるから」と背中を押されました。

3年間をなんとか走り切り、看護師資格を取得したC美さんは、42歳の時、元アルバイト先で奨学金も出してくれた病院に就職します。年齢的に就職先を見つけるのは難しく、確実に働ける場所を選びました。400床を超える病院の救急外来で、さまざまな状態で搬送されてくる患者さんに向き合う日々が始まりました。

40代にして新たなスタートを切ったC美さんですが、本当の意味で人生の転換期となったのは「45歳」だったと振り返ります。これはちょうど、養母が亡くなった時の年齢です。「45歳までは、前向きに生きてる風に見せかけて、結構投げやりだったんですね。45歳に自分も死ぬっていうすごい思い込みがあって。自分を縛りつけてたんですね。だけど45歳の誕生日を過ぎたら、『こっからは自分の人生なんや』って思って。こっからは母のコピーじゃなくて自分の人生なんやって思ったら、誰にも言い訳できひんしって、気持ちにスイッチされて。それまでの投げやりさは、もう日に日になくなっていきました」。

現在49歳、看護師7年目のC美さんは、看護師としての今後の方向性について悩んでいます。自死遺族支援など、何らかの人道的支援をやりたいのが本心ですが、大学生と高校生の息子たちを抱え、経済的に厳しい現状があります。

「自分が苦しかったことを誰かのために使えて初めて『回復』と言えるし。そこでまた相手を守ろうとすることで自分がさらに癒されるっていう部分もきっとあると思うんです。私はそういうところに行きたいなと思うので。自分だけの幸せとか、自己満足で終わりたくないんですよね」。

他者を支援すること、自分と同じような苦しみを抱えた人を守ることは、「自分の回復過程の最終到達点」であるとC美さんは表現します。

2　ACEサバイバーのレジリエンスを育んだもの

読者の皆さんは、B子さんとC美さんが辿った人生の物語を読まれて、どのように感じられたでしょうか。お2人はいずれも過酷でストレスフルな幼少期を過ごし、その後も度重なる傷つきを経験しながら、今なお前を向いて生きておられます。現在はお2人とも、医療職の立場で他者支援に関わっておられます。

逆境を生き抜いた人々の「成功」をどのように捉えるかという点については、さまざまな議論があるのですが、他者のための献身や社会への積極的な貢献といった人道的行為を重視すべきという意見があります。[1] B子さんとC美さんは、この観点から見ても壮絶な逆境に適応してきた方とみなすことができるでしょう。

では、お2人はどうして逆境を生き延びることができたのでしょうか。お2人のレジリエンスを高めたと考えられる要因を考えてみましょう。

◆好きなものに熱中できること

B子さんは5歳の頃から、幼稚園に沢山あった本を読みふけりました。家でも読書に夢中で、なんと6歳の時から、『家庭の医学』のような一般向けの医学書を飽きずに読んでいたといいます。この時分からB子さんは、人間の身体に興味がありました。矯正医療を知ったのも、中学1年生の時に夏休みの課題図書として読んだ、加賀乙彦の『宣告』がきっかけでした。死を前にして苦悩する死刑囚の心理にも、拘置所医官という職にも関心をもったといいます。これが、40年後の少年院入職につながりました。

B子さんは、中学・高校・大学受験、医師国家試験と、数々の難易度の高い試験に挑んでいます。B子さんにとって勉強は辛いものではなく、むしろ「面白い」ものでした。「知らなかったことを知ることが喜び。難しいところに受かりたい」という気持ちでした。

読書も試験勉強も、その時ばかりは辛いことを忘れ、別の世界に現実逃避させてくれたのでしょう。生来の知的好奇心が刺激され、純粋に楽しめる対象でもありました。人生の初期に好きなものに出会い、それに思う存分取り組める環境があったのは、B子さんにとっての幸運の一つといえます。

◆身近な人をサポートすること

Ｂ子さんは、大学卒業後から両親に仕送りし、結婚後は猛烈に働いて夫に莫大なお金を渡しました。また離婚後も、知り合いの男性に貢ぎ続けました。幼少期から「貢ぐことが生きる価値」と両親に洗脳されたＢ子さんは、「お金を人にあげていれば、生きていていい」と思えたのです。

傍目には、ここまで自己犠牲的に人に貢ぐことは不健全な行為に見えるかもしれません。しかし事実として、Ｂ子さんは身近な人を金銭的に支えることで、自身の生きる価値を見いだすことができました。貢ぐことに必死の時だけは、不思議と希死念慮も出なかったといいます。すなわち、誰かをサポートすることで自らの生が支えられていました。誰かの役に立つことが、この世界に自分を留めておく「無意識の解決策」になっていたといえるでしょう。

†C美さんのレジリエンス要因

◆養母の抱きしめ

生活史を紹介したもうお一方、C美さんにとっては、小学校に上がり不登校となった時に、養母が一日中抱っこしてくれたことが重要だったと思われます。C美さんご自身も、「養母に抱きしめられた温もりは、私の人との関わりの原点だったのかもしれない」と、インタビュー後に感想を寄せてくれました。

適切な愛着は、トラウマ体験に対する「最高の処方箋」といわれ、トラウマ症状の「予防薬」にも「治療薬」にもなると考えられています。[2] 実の子でないことを告知され、ひどく混乱に陥っている時に、幼いC美さんを養母がしっかり受け止めてくれたことは、C美さんのレジリエンスの基盤になったのではと考えられます。

また、今は亡き養母に抱きしめられた記憶に、C美さん自身がポジティブな意味を見いだせていることも注目されます。より適応的な「意味づけ」、つまり、人生上の経験を深く洞察し、より肯定的な方向に再構成しようとする本人の解釈は、レジリエンスの発揮につながるといわれています。[3] C美さんは養母に抱きしめられた記憶と現在の生き方、将来への展望を繋ぎ合わせることで、強く生きていくストーリーを紡いでいるようです。

◆生活支援制度と身近な理解者

C美さんが一念発起して看護師になることを目指せたのは、高等職業訓練促進給付金の存在を知ったことが大きかったといえます。これはひとり親が専門的な資格を取得することを支援する制度で、住民税非課税世帯には月10万円が給付されます。これだけでは生活できないとはいえ、C美さんが一歩を踏み出す重要なきっかけになりました。

また、C美さんが看護学校に入学する際には、当時介護ヘルパーのアルバイトをしていた病院で、師長さんが病院に、C美さんへの奨学金を出すよう掛け合ってくれました。ひとり親として再起を目指すC美さんを少しでも応援しようと、師長さんは自発的に動いてくれたといいます。C美さんも、「そういう周りの人たちがいたから、私は頑張ることができた」と、実質的な力になったと語っています。

ここまで見てきたように、B子さんとC美さんには、ご本人の努力もさることながら、周囲の環境の中にレジリエンスを支える要因もあったといえるでしょう。もちろん、これら個別のレジリエンス要因を、ACEサバイバー全員に有益なものとして一般化することはできません。しかし、本人の生まれ持った能力や個人の努力を超えたところにも、レジリエンスを高める鍵があることに気づかされます。

3　ACEサバイバーのレジリエンスを阻むもの

†理解のない他者がもたらす「再トラウマ」

一方で、辛い現実もあります。お2人とも現在に至る過程において、他者との間でコミュニケーションが嚙み合わず、新たな傷つきを負ったというエピソードも語られました。

それは、**自分が受けた被害を誰かに語ろうとしたり、助けを得ようとした時に、誤解されたり、拒絶されたり、望むような助けを得られなかったりする傷つきの経験**です。こうした経験は、「**再トラウマ**」と呼べるでしょう。傷口に再び塩を塗られるような再トラウマの経験は、お2人だけでなく、筆者がインタビューをさせてもらった方々のほぼ全員からも聞かれました。

そもそも、ACEサバイバーが他者に自分の過去を話したり、助けを求めたりするのは容易ではありません。B子さんが語った表現で言えば、「他人に言っても仕方ない」という、諦めの気持ちや他者への不信感が根底にあり、自ら進んで他者に傷を見せようとしないものです。

本当に苦しい窮状の改善のために、自分が言える範囲のことを、藁にもすがる気持ちで相手に伝える場合がほとんどなのですが、結局、その思いが逆にへし折られ、再び受傷するケースが少なくないのです。

†再トラウマの現実①――B子さんとC美さんが受けた二次的な傷つき

たとえばB子さんは、大学時代、自殺未遂をした後に大学の診療所の精神科に通っていますが、その時に関わったカウンセラーには、「受け止め切ってもらえていない」という気持ちをずっと抱えていました。大学には2年間ほぼ行っておらず、カウンセラーぐらいしか話し相手はいませんでした。親から受けた数々の傷の痛みは、カウンセラーとの対話を通じても癒されず、やはり「他人に言っても仕方ない」という気持ちが残りました。

C美さんの場合、子どもが幼い頃、子どもとの関わり方がわからなくなった時に、夫に助けを求めましたが、夫は「完全に逃げた」といいます。夫は、子どもの世話をC美さんに押しつけ、C美さんの悩みを聴くことすらしてくれませんでした。そうした夫への失望の積み重ねが、後の離婚にもつながりました。

またC美さんは、子育てを少しでも助けてほしいと、役所に出向いて一時保育について相談したこともありました。その際、就労していなければ一時保育は使えない、などと担当職員からは言われ、門前払いも経験しました。[d] まして、自分の子育ての悩みについて、専門家に話を聞いてもらうような機会が提供されることもありませんでした。

†再トラウマの現実②――支援者から受けた二次的な傷つき

他のACEサバイバーの語りからも、再トラウマのエピソードを紹介しましょう。

Dさんは、物心ついた頃から両親による壮絶な身体的虐待を受けて育ちました。小学3年生の時、家での暴力被害のことを、クラス担任の教員に勇気を振り絞って打ち明けると、「それじゃあ、お父さんとお母さんに、いじめないでと言ってみたら」と返されたといいます。報復が怖いので、そんなことは両親に言えるはずもありません。Dさんは担任教員の無責任・無関心な対応に、9歳にして「誰にも話さないほうが自分のため」と痛感しました。

またEさんは、吐き気やめまいの症状で心療内科に通っているのですが、そのクリニックの医師のトラウマへの理解に疑念を感じているといいます。ご自身では、少なからず子ども時代に自分が持続的に受けた身体的・心理的・性的虐待や、近親者間暴力への曝露が、現在の不調の起因となっているのではと考えています。しかし医師は、職場で生じた症状として「適応障害」と診断をつけ、薬を処方するにとどまります。他の疾患を疑ったり、生い立ちについて耳を傾けたりすることはありません。重く受け取っていない医師が、会話の中で微笑をたたえるたびに、Eさんは傷つくそうです。

インタビューをした中で最も若い20代のFさんは、進路に関して親から理想を押しつけられる心理的虐待を受け、愛された感覚をもてない家庭で育ちました。高校時代に、心を許せる友人に自分の家族のことを話したことがありますが、それをきっかけとして友人から距離を取られてしまいました。その一件でとても傷ついたFさんは、それ以後、家族のことを大切な人に話そうという気持ちにはなりませんでした。それでも見知らぬ誰かには話したくて、Fさんは無料電話相談を利用しましたが、「あなたのお母さんもあなたを産んだんだから、あなたのことを本当に嫌いなはずじゃないと思うよ」と相談員に諭され、その言葉が押しつけのように感じられました。それ以来、電話相談を利用することはないそうです。

本章では、お2人のACEサバイバーの人生のあゆみを詳細に捉えるなかで、レジリエンス要因が個人の人生においてどのように機能しているのかを考察してきました。強く生き延びている方には、周囲に、逆境を乗り越えていくのに役立つ要因が見られました。

しかし同時に、**ACEサバイバーが自ら助けを求めようと一歩を踏み出したその復元力を妨げるような、再トラウマをもたらす他者の存在**も認められました。こうした傷つきの積み重ねの中で、ACEサバイバーはさらに人間不信を強めたり、社会に期待しなくなったりして、孤立・孤独を深めていく場合もあるのです。

学校や病院、警察、行政の窓口といった、とくに支援の現場にいる人には、こうした再トラウマを生まないように、ACEサバイバーが一生涯抱える傷の深さを十分に理解し、適切な対応を心がけることが求められます。

最終章では、ＡＣＥに立ち向かう「社会のしくみ」について論じます。「ＡＣＥサバイバーが生きやすい社会」とは、そして、「ＡＣＥを予防できる社会」とはどのようなものかについて、国内外の事例を踏まえながら、具体的に提言したいと思います。

a　インタビュー調査の実施にあたっては、龍谷大学・人を対象とする研究に関する倫理委員会による倫理審査において承認を得た（承認番号：2022-07）。
b　真実告知は、養子縁組親子や里親子にとって重要な課題である。現在は、真実告知を支える活動をする諸団体がある（ＮＰＯ法人環の会、ＮＰＯ法人Happinesss など）。
c　現在では就労していなくても、リフレッシュのために一時保育が利用できる。
d　右に同じ。

終章　ACEサバイバーが不利にならない社会へ

1 現代社会におけるACEの意味

†ACE＝〝人生格差〟の主要因

本書で示した、日本で生きるACEサバイバーが生涯にわたって被るリスクを、改めてここで列挙しましょう。

ACEスコアが「0」の人と比べて「4以上」の人は、

・「病気がち」に3・3倍、「重度のうつ・不安障害」に4・0倍、「自殺念慮あり」に4・4倍なりやすい

・「中卒」に2・9倍、「高卒」に1・6倍、「失業」に1・8倍、「非正規雇用」に1・3倍、「貧困」に1・7倍、「世帯年収300万円未満」に1・8倍なりやすい

・「未婚」に1・3倍、「離婚」に1・9倍なりやすい

・悩みや心理的問題が生じたときに、「頼れる人がいない」状況が2・7倍生じやすい

ACEスコア「3以上」の親は、「0」の親に比べて、
・子どもへの「身体的虐待」が1・8倍、「心理的虐待」が2・0倍、「ネグレクト」が2・0倍生じやすい

本書では第1章から、人生の初期に経験されたACEが、長期反復的な有毒ストレスとなって心身を蝕むことで、生涯にわたって健康を害しうることを示してきました。またACEは、成人後における社会経済的地位や人間関係も脆弱なものとし、さらに子どもを育てる場合には、虐待・ネグレクトの形をとって、次世代に「逆境の連鎖」が生じる可能性があることも示しました。

この世の中には、さまざまな「格差」が存在します。健康格差、発達格差、教育格差、雇用格差、収入格差、つながり格差――こうした人生上に生じるさまざまな格差を「人生格差」と呼ぶならば、その人生格差をもたらす主要因の一つが、ACE（子ども期の逆境

体験）だとすらいえるでしょう。

本書を通じて読者の皆さんには、**たまたま生を受けた家族の境遇（生活環境）の格差が、生涯にわたる多面的な格差につながっている**という実態を理解していただいたと思います。子ども時代にいくつもの逆境に曝された人々は、不利を累積させながら生きづらい人生を余儀なくされるのです。その人生はまるで、スタート時点で手足にいくつもの重りを装着され、他の人よりも長く険しい山道を走らされる過酷なレースのようです。

また、ＡＣＥサバイバーが抱える問題は、**「見えにくいマイノリティ問題」**であるという点も特筆されます。エスニシティ、身体障害など、多数派との差異が見えやすいマイノリティ問題とは異なり、ＡＣＥサバイバーの存在自体、他者が一見してわかるものではありません。本人自身も、他者に自らの傷について語ろうとはしません。本人も周囲の人も原因がわからない生きづらさをＡＣＥサバイバーは抱えながら、誰にも発見されることなく、ケアされることなく、孤立しながら生き続けるケースが少なくないのです。

†ＡＣＥサバイバーが被る不利＝社会の怠慢の産物

ＡＣＥサバイバーが、ここまで多大な不利を被って生きていかざるをえないのはなぜでしょうか。ＡＣＥは、本人が生得的に背負った「不運」でしょうか。それとも、本人の努力で乗り越えるべき「試練」でしょうか。

筆者は、**ACEサバイバーが被る多大な不利は、その事実を見ようとせず、対応をしてこなかった「社会の怠慢の産物」**だと考えます。

そもそも、ＡＣＥ（虐待・ネグレクトや、親の離婚、近親者間暴力、家族の依存症や精神疾患等）は、現代社会のストレスの多さや、不安定雇用の増加、核家族の孤立、母親への家事・育児負担の偏り（ジェンダー問題）、出産前に子どもと関わったことのない親の増加、といった諸々の社会的要因が背景にあると考えられます。ある種、社会構造の歪みによる被害者ともいえるＡＣＥサバイバーが抱える生きづらさは、社会的に解決されるべきものです。

たしかに近年、「児童虐待」や「毒親」「ＤＶ」「子どもの貧困」「ヤングケアラー」など、密室内の家族の中に潜む子どもの被害や権利侵害の問題が、各種メディアで盛んに取り上げられるようになりました。国レベルでも、こうした問題に対応していこうとする動きも見られます。

しかし、どれだけの人が、家族に苦しんだ子ども時代を生きた人たちがその後あゆむことになる人生の過酷さを知っているでしょうか。

そもそも、日本社会では「ＡＣＥ」という概念が一般にほとんど普及していません。ＡＣＥの長期的な害悪の実態について知る機会があまりにも乏しかったのです。

これまでの日本社会は、**ＡＣＥという人生最大のハンディキャップを抱え、累積される不利に苦しみながら人生をあゆむことになる人々への眼差しがもたれてこなかった**と言わざるをえないでしょう。もしかしたら、そういう人々の存在に気づいている人はいたかもしれません。しかし、子どもたちが背負う家族の問題は、きわめて個人的な問題として捉えられてきたのではないでしょうか。その結果、多くのＡＣＥサバイバーは成長とともに生きづらさを累積させ、その状態が放置されてきたのです。

ＡＣＥサバイバーが一生涯に被る多面的、長期的な不利の実態をまずは正しく知ることが必要です。そのうえで、その事実に目を背けず、「**ＡＣＥサバイバーが生きやすい社会**」を実現させるための方策を模索するべきです。

また同時に、ＡＣＥそのものを予防することも重要です。虐待・ネグレクト、家庭の問題などがそもそも生じにくい、「**ＡＣＥを予防できる社会**」を目指し、そのためにできることは何かを考えなければなりません。[a]

2　ACEに立ち向かう社会のしくみ

†諸外国におけるACEへの対応と予防のための取り組み

では、どういった「社会のしくみ」――社会福祉、医療・保健、教育、司法などのありかたを目指せばいいのでしょうか。参考となるのが、ACE研究発祥の地、アメリカでのACEへの取り組みです。

◆CDCのACE防止戦略

CDC（米国疾病予防管理センター）は保健社会福祉省の下部機関の一つであり、感染症や危機対応に加え、さまざまな健康課題に対応する国の中心的存在です。

CDCはACEを公衆衛生上の重大なリスク要因と捉え、「ACE防止戦略」を2020

年9月に発表しました。

この防止戦略の目的は、「ACEが起こる前に予防し、ACEを経験した人を特定し、トラウマに基づいたアプローチで対応すること」(6頁)と規定されています。[1] すなわち、**ACEの「予防」と、すでにACEサバイバーとなった人の「特定・対応」を両輪で進める**という方向性が示されています。

その目的を果たすための具体的な目標として、①ACEの発生率やその特徴を評価できる**サーベイランス(動向調査)を強化**することや、②革新的な**ACE研究を支援**すること、③地域のサービス提供者に**技術支援を提供**すること、④ACEの予防、特定・対応のための公衆衛生的アプローチを主要パートナーに**啓発**すること、の4つが掲げられています。
①のサーベイランスに関しては、すでに2009年以降、48州とワシントンDCが、**BRFSS**を通じて、ACEに関するデータを公的に収集しています。
BRFSSとは、CDCが運営する「行動危険因子監視システム(Behavioral Risk Factor Surveillance System)」のことです。健康・疾患に関する主要な指標に関するデータを収集するために毎年、電話調査を実施する、州ベースのサーベイランスシステムです。これによって、州保健局が成人人口におけるACEの経験率やその影響の実態を把握する

ことができます。なおこのＢＲＦＳＳデータを用いた研究結果が、すでにいくつも発表されています。

③の技術支援に関しては、たとえばＣＤＣは「ＡＣＥ予防――利用可能な最良のエビデンスの活用」というブックレットを開発・公表しています。[2]ここには、採用可能なアプローチ（経済的支援、幼児期の家庭訪問、公教育キャンペーンなど）の影響に関する研究結果（エビデンス）がまとめられ、公衆衛生、医療、教育、治安、司法、社会福祉、企業など、さまざまな部門の関係者がＡＣＥ予防に取り組む際の参考とすることができます。

◆家庭訪問の強化

こんにちまで家庭訪問は、子どもの逆境を予防するための最も一般的でよく研究されてきた介入方法の一つです。[3]元々、デンマークやフランス、イギリスなどの国々において家庭訪問プログラムが行われてきましたが、近年ではアメリカでも、家庭訪問プログラムが子どもの福祉向上の効果的な戦略と考えられるようになってきました。

２０１０年に成立した「アフォーダブルケア法〔通称：オバマケア〕（Patient Protection and Affordable Care Act）」によって、「**母子家庭訪問プログラム**（Maternal, Infant, and

Early Childhood Home Visiting Program：ＭＩＥＣＨＶ）」が開始されました。

このプログラムは、妊娠中の女性や幼い子どもをもつ家庭に、エビデンスに基づく家庭訪問プログラムを提供する州・準州・部族団体に資金提供するというものです。たとえば２０２１年度は、56の州・準州・非営利団体に、およそ3億４２００万ドルの資金が提供されました。[4]

この母子家庭訪問プログラムの資金を得るためには、保健社会福祉省の基準を満たす、「エビデンスに基づく幼児期の家庭訪問サービス提供モデル」を採用した取り組みを行うことが求められます。２０２２年現在、20の家庭訪問モデルが、有効性に関するエビデンスの基準を満たすと認定されており、これらの情報は、**HomVEE**（Home Visiting Evidence of Effectiveness）というサイト（https://homvee.acf.hhs.gov）で見ることができます。

たとえば、これらの家庭訪問モデルうちの一つ、「ナース・ファミリー・パートナーシップ（ＮＦＰ）」という有名なプログラムを紹介しましょう。

ＮＦＰは、出産経験のない低所得の妊婦とその子どもを対象としたプログラムです。訓練を受けた登録看護師が、対象者の妊娠期から訪問を開始し、子どもが2歳になるまで定期的に家庭訪問し、母子の健康とライフコースの改善を目指します。たとえば妊娠期には、体調管理のほか、タバコ・アルコール・薬物使用をしないよう指導します。また出産後は、親の育児能力が高まるのを助けたり、父親・パートナーが子どもに関わることを促したり、母親が将来に向けて教育や就職、妊娠の計画を立てられるよう支援します。[5]

こうした家庭訪問の効果は、アメリカの異なる3地域で実施されたランダム化比較試験によって実証されています。具体的には、妊娠中に平均9回、誕生から2歳の誕生日までに平均23回の家庭訪問を受けた介入群の女性では、比較群の女性と比べて、子どもが15歳になるまでの虐待・ネグレクトの発生リスクが46%減少したと報告されています（参加者1人あたり平均が、比較群：0・54に対し介入群：0・29）。[6] さらに、低所得で未婚の妊婦の場合は費用対効果も高く、かかった費用の4倍にのぼる財政・社会への利益がもたらされたことがわかっています。[7]

◆各州のACEへの取り組み

カリフォルニア州は、ACEをスクリーニングする州全体の取り組みを導入した最初の州です。スクリーニングとは、「ふるい分け」を意味し、疾病の疑いがある人を発見することを目的に行われる検査を意味します。

カリフォルニア州では、「ACEs Aware イニシアティブ」という、**ACEスクリーニングに力を入れる国内初の取り組み**が進められています。このサイト（https://www.acesaware.org）では、ACEのスクリーニングツールやオンライントレーニング（無料の機会が提供され、医療サービス提供者としての資格とトレーニングの完了を証明することで、スクリーニングにかかる助成を受けられるようにもなっています。

また**ワシントン州**は2009年にBRFSS（行動危険因子監視システム）にACEモジュールを追加し、成人人口における**ACEの経験率を評価し、予防対策に役立てた最初の州**の一つとされます。[8]

ワシントン州特有のACEデータを得ることは、サービス提供の変化やいくつかのプログラム開発につながりました。たとえば、貧困家庭一時扶助を受給している親に、精神衛生と薬物乱用の問題が生じやすい傾向が見いだされると、この扶助を受けている家庭への、家庭訪問やヘッドスタート（就学援助）などが強化されました。また、少年犯罪者のACE経験率の高さがわかったことで、保護観察官はACEが多い少年犯罪者を家族治療のプログラムに優先的に参加させるようにもなりました。さらには、トラウマに曝された子どもたちの悪影響を軽減するとともに、家族関係を強め、子どもの虐待の防止を促す環境を整えるための「思いやりのある（トラウマインフォームドな）学校イニシアティブ（Compassionate［Trauma-Informed］Schools Initiative)」というプログラムも開発され、ACEに曝された生徒の停学・退学の防止につながっているといいます。

◆WEB上で広がるACE啓発活動

ACE研究が国際的に広がった立役者の一人ともいえるのが、ナディン・B・ハリスです。彼女は、サンフランシスコで最も劣悪な環境といわれるベイビュー・ハンターズ・ポイントで小児科医として働くなかで、子ども期の逆境と生涯にわたって現れる病気の関係を確信するようになりました。自らが勤める小児科クリニックで、ACE研究の知見をエビデンスとして、日常的にACEアセスメント（ACEスコアによる評価、見立て）を活用した治療を行っています。

彼女は2015年に**TEDトーク**（プレゼンテーションを無料で視聴できる動画配信サービス）で、こうしたACEをめぐる彼女の物語やACE研究について紹介し、国際的に脚光を浴びました。彼女が2018年に著した*The Deepest Well*は、『小児期トラウマと闘うツール――進化・浸透するACE対策』として日本でも出版されています。[9]

またほかにも、インターネット空間において、より多くの人がＡＣＥに関する情報に触れられる機会もあります。著名なのは、ソーシャルネットワークである**PACEsConnection.com**と、ニュースサイトである**ACEsTooHigh.com**です。どちらも２０１２年に、女性ジャーナリストのジェーン・スティーブンスによって立ち上げられました。

PACEs Connection（旧：ACEs Connection）は、ＡＣＥ研究に基づいてレジリエンスを高める実践を行っている人々を結びつけるソーシャルネットワークです。会員には、ＡＣＥ研究やトラウマに関する情報、ベストプラクティス（最良の事例）に関する情報が届けられます。会員は、ブログや写真等を投稿し、同様のプロジェクトに取り組んでいる他の人を見つけ、メッセージを送り合うことができます。２０２２年現在、会員は5万人を超えているそうです。

ACEs Too Highは、より広く一般の人々が、ＡＣＥ研究に関する情報を得るためのニュースサイトです。ここでは、ＡＣＥに関する疫学、神経生物学、エピジェネティクス、トラウマなどの研究知見についてまとめてあり、誰でも読むことができます。また、このサイトの創設者兼発行者であるジェーン・スティーブンスが時事問題をＡＣＥ科学の視点から解説している最新記事なども掲載されています。

◆ACEを測定しようとする国際的取り組み

世界保健機関（WHO）は、すべての国におけるACEとその後の人生におけるリスク行動との関連の測定を目的に、**ACE-IQ**（ACE International Questionnaire）という質問紙を作成し、WEB上で配布しています。[10] このACE-IQでは、親の死や仲間からの暴力・いじめ、地域社会の暴力の目撃、戦争や集団的暴力への曝露などもACE項目として採用されています。これは、世界中の健康調査に組み込まれることが想定されるためです。実際にACE-IQは多くの研究で使用されており、ケニア、レバノン、サウジアラビア、バクダッドなどでの調査にも活用されています。[11]

◆ACE研究が後押ししたTICの普及

「**トラウマインフォームドケア**（Trauma Informed Care: TIC）」とは、トラウマについて（Trauma）、知識のある（Informed）、ケア（Care）のことです。すなわち、**トラウマについて正しい知識をもち、適切にケアすること**をいいます。ACEとともに、このTICという概念も、アメリカで1990年代後半から広がりを見せています。

ＴＩＣが普及した背景には、ＡＣＥ研究が広く知られるようになったほかに、女性のトラウマサバイバーに関する研究が蓄積されたことや、精神科医療における隔離・身体拘束への見直しが進んだという社会状況がありました。[12] 米国薬物乱用・精神保健管理局（ＳＡＭＨＳＡ）がＴＩＣを推進し、さまざまな活動やネットワークが発展したことで、２００５年には米国トラウマインフォームドケアセンターも設立されました。[13]

ＳＡＭＨＳＡのＴＩＣの手引きによれば、トラウマインフォームドケアには４つのＲが必要といいます。第１に、支援組織・システムに属するすべての人がトラウマの広範な影響を「理解」すること（Realize）、第２に、クライエントとその家族、スタッフに生じるトラウマの兆候や症状を「認識」すること（Recognize）、第３に、支援組織・システムはトラウマに関する知識を方針・手続き・実践に十分統合して「対応」すること（Respond）、第４に、クライエントとスタッフの「再トラウマ化を予防」すること（Resist re-traumatization）です。[14] ＴＩＣは、トラウマを抱える人に心から安心できる空間を提供し、「再トラウマ」を引き起こさない関わりを組織全体で目指すアプローチといえます。

ＴＩＣの効果検証をした研究も増えつつあり、たとえば、精神障害と薬物使用障害を併発している女性を対象とした研究では、ＴＩＣ介入群は通常ケア群と比較して、トラウマ症状とメンタルヘルス症状に改善が見られたといった報告があります。[15]
このようにＴＩＣへの理解が進むアメリカでは、The National Child Traumatic Stress Network（ＮＣＴＳＮ）のサイト[16]のように、ＴＩＣを実践する支援者のリストをＷＥＢ上で閲覧し、身近な地域でＴＩＣを実践する支援者やその連絡先を簡単に知ることができます。
以上のように、アメリカを中心にＡＣＥへの対策と予防のための取り組みが、公的機関・民間双方で展開されています。サーベイランスシステムによるＡＣＥ調査の実施や、家庭訪問プログラムの推進、ＴＩＣの普及など、すでに国家的な取り組みも始まっており、いかにＡＣＥが社会的に解決されるべき課題とされているかがわかるでしょう。

†ＡＣＥに関連する国内の先行事例

一方、日本はどうでしょうか。「ＡＣＥ」という言葉すら浸透していない今の日本は、ＡＣＥをめぐる海外の動きに周回遅れ（どころか、2周、3周遅れ）のように思えます。参照点をすべてアメリカにすればいいわけではありませんが、見習うべき点はあるでしょう。

他方で、国内各地で行われている取り組みの中には、ＡＣＥの対策・予防につながるかもしれない実践事例があります。今後、日本で実施される取り組みのモデルケースにもなりうる、注目の事例を紹介しましょう。

◆田島南小中一貫校の「『生きる』教育」

大阪市生野区にある大阪市立田島《たしま》南小学校[b]と田島中学校（通称：「田島南小中一貫校」）で行われているのが、「『生きる』教育」という名の教育プログラムです。これは荒れた学校が再生した教育実践としてNHKなどにも取り上げられ、教育関係者が関心を寄せる取り組みの一つです。

この「『生きる』教育」は、2013年から（統合前の生野南小学校で）原型となる授業実践がスタートしました。当時、暴力や暴言が蔓延する学校現場で、子どものために何ができるかと模索した教員たちによって創作されたのが、「『生きる』教育」でした。

この「『生きる』教育」では、小学校1年生から中学校3年生までの9年間にわたって、トラウマ（心の傷）に直結しやすいテーマを扱った体系的な授業が展開されます。各学年における学びのテーマを一覧にしたものが表終-1です。[17]

小1では、自分の体や心を大切にする方法について学びます。小2では、妊婦体験など

表終-1　「『生きる』教育」の単元一覧

学年	学びのテーマ
小1	たいせつな　こころと　体　～プライベートゾーンを学ぶ～
小2	みんな　むかしは　赤ちゃんだった　～いのちのルーツをたどる～
小3	子どもの権利条約って知ってる？　～今の自分と向き合う～
小4	10歳のハローワーク　～ライフストーリーワークの視点～
小4	あつまれ！　いくなんの星☆　～考えよう　みんなの凸凹～
小5	愛？　それとも支配？　～パートナーシップの視点から～
小6	家庭について考えよう　～結婚・子育て・親子関係～
中1	脳と心と体とわたし　～思春期のトラウマとアタッチメント～
中2	リアルデートDV　～支配と依存のメカニズム～
中3	社会の中の親子　～子ども虐待の視点から～

出所：西澤・西岡監修／小野ほか編（2022）の表序-2

を通して、命の重さと温かさ、自身のルーツに触れます。小3では、「子どもの権利」について学び、小4では自分史10年に「未来予想図」を繋げるライフストーリーワークに取り組みます。また、小4では障害の特性や解決方法についても考えます。小5では、良いパートナーシップと支配的なパートナーシップについて学び、小6では夫婦や親子関係の中で、人は傷つく側にも癒す側にもなりうることを理解します。

中1では、トラウマとアタッチメント（愛着）の視点から、脳と心身の関連を科学的に理解します。中2では、デートDVに潜む支配と依存を知り、「人を想うルール」について考えます。そして中3では、実際の子ども虐待事件の心理鑑定から作られた教材に基づき、子どもたちが背負う家族の問題を「社会の問題」として捉える視点を学びます。

このように「『生きる』教育」は、性教育の知識の習得を基盤として、自分と他者の権利を守ることの理解や、良好な人間関係を築くライフスキルの習得が目指されています（こうした教育を、「包括的性教育」とも呼びます）。

重要なポイントは、子どもたち自身がこの授業を通じて、**自分の生い立ちに向き合い、トラウマに気づき、友だちと語り合うなかで、未来に向けて「どう生きていったらいいか」を考えられるような内容**となっていることです。子どもたちは「『生きる』教育」を通じて、人生の困難を解決するために必要な知識とスキルを学び、友だちと対話しながら相互にエンパワメントし、個々のレジリエンスを高めていくのです。

ここまで真正面からトラウマに向き合い、子どもたちがもつレジリエンスに働きかけようとする授業は画期的ですし、それを公立学校が始めたという点にも驚かされます。筆者も2021年に生野南小学校（当時）で開催された公開授業・講演会に参加しましたが、各教室で人生の問題について真剣に考え、議論する子どもたちの姿に心を打たれました。またこうしたカリキュラムを編み出し、確立させていった先生方の熱意にも感動を覚えました。

田島南小中一貫校ではまた、国語科教育にも力を入れていますし、研究者と協働でカリキュラム作成を行う姿勢も見られ、教育関係者にとっては参考になる点があると思われます。興味をもたれた方は、2022年に刊行された『『生きる』教育」——自己肯定感を育み、自分と相手を大切にする方法を学ぶ[17]』をお読みください。

◆こころのケガを癒やすコミュニティ事業（TICC事業）

日本でトラウマインフォームドケア（TIC）の考え方を社会一般に普及させようと活動しているのが、一般社団法人TICCです。この団体が実施する「こころのケガへの意識を持ち、配慮やケアができる仲間づくりをコミュニティに広げていく取り組み」がTICC（Trauma Informed Care/Community）事業です[18]。

このTICC事業では、TICの考え方に依拠し、さまざまな傷つきを抱える子どもや大人のトラウマを軽減し、包摂することを目指した取り組みが行われています。

たとえば、**トラウマに特化した全国発の人材養成講座**が2022年に始められました。養成講座には2種類あり、トラウマを抱えた人を理解してサポートする「TIサポーター」（トラウマに関心がある人が対象）と、トラウマを抱えた人のケアをコーディネートする「TIコーディネーター」（対人援助職の人が対象）の養成講座が用意されています。T

ICCのサイト（https://www.jtraumainformed-tic.com/）から、このオンライン講座の申し込みができ、一講座20～30分×6講座の受講を修了すると、認定証が授与されます。

またTICCのサイトでは、TICについて学べる研修会用の資料（2分の動画、PDF）やリーフレットが、無料で提供されています。そのうちの一つ、多職種の専門家によって作成されたリーフレット「視点を変えよう！　困った人は、困っている人[19]」（図終-1）は、トラウマやACE研究、TICについてわかりやすくまとめられており、知識のない人にとっても学びやすいツールとなっています。

図終-1　TICCが配布するリーフレット

出所：JST・RISTEXプロジェクト事務局（2020）

◆ＫＹＯＴＯ ＳＣＯＰＥ

「ＫＹＯＴＯ ＳＣＯＰＥ」も、支援者にＴＩＣの視点を身につけてもらうことを目的としたサイト（https://kyoto-scope.com/）です。このＫＹＯＴＯ ＳＣＯＰＥは、支援者が**社会的な困難を抱える女性に対し、トラウマに配慮した支援**ができるようになるためのＷＥＢプラットフォームです。運営は、京都大学大学院医学研究科社会健康医学系専攻健康情報学分野によって行われています。

たとえば、「モデルケースと対応」というページでは、「7人の子どもがいるシングルマザー妊婦」のような仮想症例が提示され、ＴＩＣの視点からどのような対応が求められるか、ポイントが示されています。また、「関連が推測されるＡＣＥ」として、このモデルケースの患者が経験しているかもしれないＡＣＥについても言及され、患者の背景をより深く理解する姿勢が促されています。

また、ＫＹＯＴＯ ＳＣＯＰＥは、定期的にオンライン・ケース勉強会を開催し、さまざまな臨床現場で働く支援者たち（京都府内外の医療機関職員、行政職員、大学教員など）がモデルケースについて対話できる機会を提供しています。所属機関や専門性の壁を取り払って、顔の見える関係づくりをすることは、いざ困難を抱える人たちと出会ったときに、その人を行政や地域資源に結びつける際にも役立っているそうです。

このようにACEやトラウマを理解する人々の間では、ACEやTICの考え方を啓発する活動が行われたり、子どもたち自身がトラウマについて学ぶ教育実践が試みられたりしています。しかし、こうした動きは日本全体で見るとまだまだ局所的です。

最後に、ACEサバイバーがあゆむ人生の実態や、国内外の先進事例を踏まえて、筆者がとくに必要だと考えている「社会のしくみ」を、【4つの提言】として示します。

3　社会のしくみを変える

【提言1】支援者養成の場でACE・TIC教育を

＊ACEサバイバー対応

まず、ＡＣＥサバイバーと関わる可能性のある支援者に、ＡＣＥ研究の知見をよく知ってもらい、トラウマインフォームドケア（ＴＩＣ）の視点を身につけてもらうことを提案します。想定される支援者は、医療提供者、ソーシャルワーカー、カウンセラーなどです。
ＡＣＥサバイバーの多くは、自分が抱える傷を他者に見せないものです。しかし、心身に支障が生じたり、経済的困窮や依存症、ＤＶ被害等を抱えることで、結果的に病院や公的機関が「社会との接点」になりやすいケースが多くあります。このＡＣＥサバイバーと支援者が対峙する場面で適切な対応、少なくとも「再トラウマ」（第5章参照）を引き起こさない関わりが求められます。
ここで支援者に必要なのが、ＴＩＣ（トラウマについて正しい知識をもち、適切なケアをすること）です。複数のＡＣＥを経験している可能性が高い人とのコミュニケーションにおいては、ＴＩＣはとくに推奨されます。[20]
ＴＩＣは、目の前の問題行動の背景にある見えていないことを、トラウマの「メガネ」で見える化し、トラウマの理解に基づいて対応するということです。[13,21]「見えにくいマイノリティ」でもあるＡＣＥサバイバーは、このトラウマの「メガネ」によって可視化されます。対象者にトラウマがあることを前提に安全な場所を提供し、クライエントの意見を尊重し、「再トラウマ」化から守ることを目指すのがＴＩＣです。

日本でＴＩＣが紹介されるようになったのは、２０１４年以降のことです。[13] 精神科医療の領域からＴＩＣ概念が広められ、たとえば日本精神科救急学会による『精神科救急医療ガイドライン　２０１５年版』に「トラウマインフォームドケア」の項目が含められました。日本トラウマティック・ストレス学会や、日本うつ病学会などでは、学術大会でＴＩＣに関するシンポジウムが開催されるなど、近年、啓発活動は広がっています。

しかし、ＡＣＥサバイバーに接しうる専門職の全員が、このＴＩＣを当然の知識としてもち、ＴＩＣを実践しているわけではありません。その結果、トラウマを抱える人に誤った対応がなされ、「再トラウマ」を生んでしまう現実があるのです。

理想的には、医師養成課程、看護師養成課程、社会福祉士養成課程や精神保健福祉士養成課程といった、**各種の専門職養成カリキュラムの中に、ＡＣＥ研究やＴＩＣを学ぶべき項目として設定する**のが望ましいです。あるいは、すでに支援の現場で働く専門職の人たち向けのスキルアップとして、**ＡＣＥ研究やＴＩＣについて学ぶ研修の機会**を設けていただきたいです。先ほど紹介した「ＴＩサポーター」養成講座など、すでに専門家によって開発されたコンテンツを利用するのもいいでしょう。

ただし、こうした講座を個人がただ単に受講しただけでは、ＴＩＣの効果は期待できません。大事なポイントは、支援機関のシステム全体でＴＩＣに取り組めるかどうかです。これは、各支援機関がどのような支援を提供する組織でありたいかという「ビジョン」が、（とくに組織のトップに）もたれているかという点にかかっているでしょう。

このようにＴＩＣを実践する支援者の情報は、ＡＣＥサバイバーが気軽に入手できるようになるのが望ましいです。先述したアメリカのＮＣＴＳＮ（２０５頁）のように、ＴＩＣを実践する支援者のリストをＷＥＢ上で閲覧し、身近な支援者について手軽に知ることができれば、当事者は一歩を踏み出しやすいだろうと思います。今後日本にも、ＴＩＣ実践者を知ることができる情報プラットフォームの開設が待たれます。

トラウマについての理解をサービス全体に組み込むＴＩＣが目指される一方で、当然ながら、トラウマそのものへの治療も適切に受けられるようになることが望まれます。精神科医療の領域では「複雑性ＰＴＳＤ」が新たな診断項目とされたことで、ＡＣＥサバイバーに診断がつくケースが今後増えるのではと予想されます。しかしながら精神科医の杉山登志郎氏も指摘するように[22]、精神医療の現場はトラウマ治療に十分対応できているとは言いがたい現状があり、有効なトラウマ治療の確立と普及が急がれます。

また、就労できない、経済困窮している複雑性PTSD患者には、生活保障も必要です。ソーシャルワーカーは、トラウマの視点をもってACEサバイバーの生活状況を見極め、精神障害者保健福祉手帳や障害年金の受給可能性（現状では、うつ病や統合失調症等との併発がないと、複雑性PTSDのみでは受給不可）を検討したり、就労支援や生活保護受給などにつなげることが求められます。

【提言2】小中学校でトラウマインフォームドな教育・支援を

＊若年ACEサバイバー対応／ACE予防

トラウマインフォームドな視点をもつことが期待されるのは、学校現場で子どもたちに日々接する教員も同様です。先ほど取り上げた田島南小中一貫校では、ACEの渦中にあるかもしれない児童・生徒が、自分が育つ生活環境にある「おかしい」に気づき、トラウマに向き合えるような教育プログラムが展開されていました。

アメリカでも、こうしたトラウマへの理解に基づく学校づくりが各地で進められており、これを「トラウマインフォームドスクール（TIS）」と呼びます。[23]

田島南小中一貫校やTISのような取り組みは、これだけ児童虐待や家庭内暴力が身近に起こり、また家族の問題が見えにくくなっている現代日本に生きる子どもたちにとって必要不可欠な教育だと思われます。自身のトラウマに気づくことは若年ACEサバイバーの生き方を変える可能性がありますし、そこで身につけられた知識やスキルは、将来大人として次世代の子どもに接する際にも、誤った関わりを減らすことにつながるでしょう。

トラウマインフォームドな教育とは、信頼できる教員が見守る安全な場所で、たとえば、「心と体を守ること」「子どもの権利」「良好なパートナーシップ」「自分をケアするための社会資源」など、子どもが知っておくべきテーマについて学び、かつクラスメート同士で対話しながら自分の将来に向けた生き方を考えられるものです。こうした授業は、文部科学省が推進するまさに「生きる力」を養うものではないでしょうか。

とはいえ、こうした授業を日本全国で一律に実施するまでには複数校での実証やカリキュラムの改善が必要でしょう。そのような実証・改善を図ることができたならば、**「生きる教育プログラム」などとしてパッケージ化し、任意で使える授業資料として配布すると**いった展開が期待されます。

なお現在、性犯罪・性暴力対策の強化の方針のもと、2023年度より「生命（いのち）の安全教育」という学習の全国普及が図られています。[c] 田島南小中一貫校は、この安全教育のモデル校でもあります。文部科学省のサイトにて、教材（パワーポイント資料、動画教材等）と手引きが公表され、各学校の判断により活用することが推奨されています。さらに、「各学校や地域の状況等に応じて適宜内容の加除や改変を行った上での使用も可能」となっています。[24] 教材には、すべてではないですが「生きる教育」のエッセンスが含まれていますので、学校関係者の方は是非活用・工夫し、トラウマインフォームドな教育実践に参入していただきたいと思います。

トラウマインフォームドな教育が普及されるのに付随して、子どもたち自身が、自分が抱えているACEやトラウマに気づいたときに、そのSOSを教員がキャッチし、すぐに具体的な支援につなげられることも非常に重要です。親から虐待・ネグレクトを受けていたり、家族が問題を抱えていたりする場合、その授業はリスクの兆候に反応する「リトマス試験紙」の役割を果たすだけでなく、「支援の入り口」となって、子どもや家庭がもつニーズへの対応に接続されることが求められます。

家庭でさまざまな事情を抱える子どもたちが少なくない現状で、かつ教員の労働事情が過酷な中で、困難を抱える一人ひとりの子どもたちのケースワークをすることはきわめて困難です。学校現場の中に、ケースワークができる専門家がいないといけません。

そこで重視されるのが、**スクールソーシャルワーカー（ＳＳＷ）**です。ＳＳＷは、社会福祉に関する専門的な知識・スキルを用いて、問題を抱える児童・生徒が置かれた環境に働きかけたり、関係機関等との連携・調整を行ったりするソーシャルワーカーです。２０２０年度は全国で２８５９人が配置され、対応学校数は１万８２８６校でした。[25] この学校数は全小中学校の56％にすぎず、ＳＳＷの制度が十分に活用されているとは言いがたいです。[d]

昨今、教育改革のキーワードとして見聞きされる「チーム学校」は、ＳＳＷやＳＣ（スクールカウンセラー）といった専門家を学校に配置し、教員と教員以外の者がそれぞれ専門性を発揮して「チーム」として連携する学校体制を目指すものです。

こうした動きがある中で社会福祉学者の山野則子氏は、すべての子どもが通う義務教育下の学校でこそ、子どもや家庭の問題を早期発見できる可能性があり、学校におけるソーシャルワークの重要性を指摘しています。そして、教員から集まった子どもの情報に対応する「チーム学校」を中核とし、地域資源と連携する子ども・家庭支援モデル「学校プラットフォーム」を提唱しています。[26]

これは重要な提起であり、**学校の中でＳＳＷが教員等と連携することで、問題が早期発**

表終-2　児童虐待相談における被虐待者の年齢別件数（2020年度）

0〜2歳	39,658	19.3%	45%
3〜6歳	52,601	25.7%	
小学生	70,111	34.2%	
中学生	28,071	13.7%	
高校生・その他	14,603	7.1%	
計	205,044	100.0%	

出所：厚生労働省政策統括官付参事官付行政報告統計室（2021）をもとに筆者作成

見され、子ども・家庭に必要な個別支援（家庭訪問、面談等）や、地域資源（市区町村、児童相談所、要対協、NPO、子ども食堂等）につなげられる方向が望ましいと筆者も考えます。

しかし、文部科学省の「令和2年度スクールソーシャルワーカー活用事業実践活動事例集」によれば、SSWを活用している都道府県教育委員会の多くで、「SSW活用の周知」「SSWの資質向上」「配置の拡充」「人材確保」「待遇の改善」などが今後の課題として挙げられています。[27]これらの課題も、早急に対応されなければなりません。

【提言3】児童虐待対応システムの改善を

＊若年ACEサバイバー対応／ACE予防

小中学校において若年ACEサバイバー対応が必要ですが、しかしそれでは手遅れになるケースもあります。その証拠に、主要なACEである虐待・ネグレクトに関する相談件数は、0歳から6歳までのケースが45%を占めます[28]（表終－2）。幼い学齢期前の子どもたちが被害を受ける前に、早期の対応を適切に行うことが肝要です。

こうした児童虐待（ネグレクト含む）対応のフロントラインに立つのが、児童相談所（以下、児相）です。

壮絶な虐待による死亡事件が起きれば、連日のように報道され、児相には強烈なバッシングが向けられます。しかし、児相の対応に怒りや批判を向けるだけでは、状況は何も改善されません。児相を含めた子ども虐待対応のシステムが最善かどうかを、繰り返し慎重に点検し、改善することが求められます。

児相をめぐる課題として頻繁に指摘される問題が、人員不足です。児童福祉司（児童相談所に配置が義務づけられている専門職員）の多くは、各自の職務に一生懸命取り組まれていますが、急増する対応すべきケース数に比べて、あまりに人員が足りていないため、十分な対応が難しくなっています。虐待対応と非行・養護の対応を加えれば、児童福祉司1人が担当するケース数が平均して100件を超える自治体が複数あるのが現状です[29]。

山野良一氏が示すグラフ（図終－2）がきわめて端的です。この図では、児童虐待防止

図終-2　児童虐待対応件数と児童福祉司数の推移

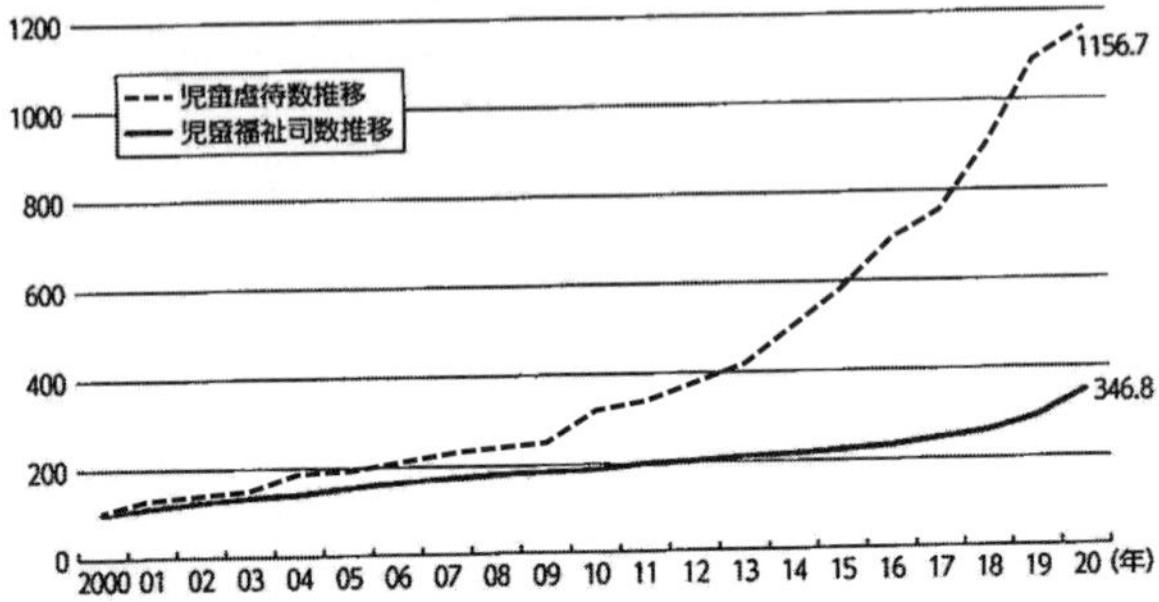

注：2000年を100とする
出所：山野（2021：31）の図1

法が制定された２０００年の虐待相談件数と児童福祉司の数を基準（１００）とし、20年間におけるそれぞれの数の推移が示されています。児童虐待数は約11・6倍伸びているのに対して、児童福祉司数の増加は約３・５倍にすぎないことがわかります。20年前に比べれば児童福祉司の配置は増えているとはいえ、明らかに対応すべきケース数の急増に追いついていないといえます。

当然ながら、児相の人員不足は国も把握しており、２０１８年に決定された「児童虐待防止対策体制総合強化プラン（新プラン）」では、児童福祉司を２０１７年度の約３２４０人から、２０２２年度までに２０２０人程度増員することが掲げられました。[e] ただ、仮に増やせたとしても５２６０人（２０００年と比較して4倍程度）であり、「焼け石に水」という声もあります。

一方で、単に児童福祉司を増やせばいいかというと、問題はそう簡単でもありません。２０２１年４月時点で児童福祉司としての勤務経験が３年未満である者が半数を超えており[30]、その背景には、先の「新プラン」等による増員計画のため、新任職員が児童福祉司として配置されているケースが多いことがあります。各児相では、新任職員の研修等の人材育成に手間と時間がとられるという、これまで以上の負担も生じています。このような状況下で、量的拡大に付随して質（専門性）の向上が課題となっているのです。

今や、児童虐待に対応するのは、児相だけではありません。児相が対応する虐待相談件数の急増ばかりが注目されますが、実は市区町村が対応する児童虐待相談件数も増加し続けており、２０２０年には15万６７７８件にも達しています[28]。児相が扱う20万件にも劣らない数です。

そもそも、２００４年・２０１６年の児童福祉法改正により、虐待対応における市区町村の重要度は増し、児相と同様の相談案件に応じるようになっています[f]。

この市区町村の体制にもさまざまな課題があります。「新プラン」では、２０２２年度までに、「子ども家庭総合支援拠点」（虐待や貧困など問題を抱えた家庭を支援する拠点）を全市区町村に設けることを目標としていました。しかし、支援拠点を設置する市区町村は全体の25%（431市区町村）にとどまります（2020年4月時点[31]）。

実際は、児童福祉主管課等が虐待対応担当窓口となっている市区町村が多いのですが、この担当窓口職員のうち、業務経験年数が3年未満の者が6割を超え、兼任の職員が96%を占めます（2020年4月時点[31]）。多くの職員が数年で異動し、しかも虐待対応に専従できない状況では、子ども・家庭への親身かつ継続的な支援は難しいでしょう。

このように、児相にも市区町村にも課題が山積する中で優先されるべきなのは、まずは（1）**児相の負担分散（機能分化）**です。現在、警察から児相に通告される面前DV案件の急増が、通告数全体を押し上げています。面前DV案件は市区町村が窓口となって対応するといった方向性もあると思われます。また、児相が担う業務のうち、障害相談などは市区町村が担う、といった相談種別による分担の見直しも必要でしょう。

また、（2）**児相および市区町村における人員拡充と専門性の強化**も、引き続き重大な課題です。単に人員配置を増やすだけではなく、虐待対応の担当職員が長く働き続けられるための人事制度が必要です。児童福祉司や市区町村職員（虐待担当）は、原則、福祉専門職採用（一般行政職と区別）とする、福祉専門職の人事異動は固定あるいは中長期サイクルでの実施とする、特殊勤務手当を引き上げる、といった策がありうるでしょう。これには、地方公務員の世界での基本である「ジェネラリスト型人事」の変革が必要です。

そのほかにも、要対協（要保護児童対策地域協議会）での連携強化や、一時保護所の不足解消・環境改善、子ども自身の意見表明の問題など、若年ACEサバイバーに関わる多くの課題があります。

筆者がインタビューをさせていただいたACEサバイバーは口々に、「子どもの時、安心して逃げられる場所がほしかった」と語っていました。児相や市区町村の虐待対応窓口が、真に「逃げられる場所」になるように、児童虐待対応の最前線が抱える課題に、私たち一般市民も関心を向け続けなければなりません。

＊ACEサバイバー対応／ACE予防

【提言4】妊娠期からの伴走型支援を

ACEの「予防」という観点から力を入れたいのが、子どもがACEを経験する前、母親の胎内にいる胎児期（母親の妊娠期）から、ACEサバイバーの子育て支援が開始されることです。つまり、親がACEを次世代に継承させないように、子どもがACEを引き継がないように、妊娠期から社会で親子の見守りをスタートする、ということです。

日本では妊娠がわかると、市区町村に妊娠届を提出し、母子健康手帳（母子手帳）が交付されることが母子保健法によって定められています。妊婦すべてに妊娠届を提出してもらい母子手帳を交付するしくみは、日本発祥のシステムです。

この母子手帳を受け取る際には、必ず妊婦は市区町村の窓口で職員と顔を合わすわけです。妊婦と自治体が接点をもてる、この貴重なチャンスを活かし、早い段階で支援者との関わりをもつことが必要です。[g]

現在、この母子手帳交付時に面接をするか、誰が行うか、どのような内容を聞き取るか等については、各市区町村に委ねられています。昨今では、質問紙やチェックリストを活用して、妊婦が抱えるリスクをアセスメントする動きも広がっています。

筆者は、この**母子手帳交付時に、①すべての妊婦に対して、②保健師等の専門職が面接を行い、③妊婦と顔の見える関係づくりを始めること**を提案したいと思います。「○○さん」という名前のわかる「人」対「人」の付き合いにならないと、真に支援が必要なときに行政に頼ることはできないと考えるからです。

現在、母子保健や児童福祉の現場においては、「リスクアセスメント」（リスク要因が、子どもや養育者、家庭環境等にあてはまっているかどうかを査定すること）によってリスクを早期発見し、児童虐待を防止するアプローチが主流化しつつあります。本書の流れからいうと、ACEスコアは児童虐待のリスク要因ですから（第3章参照）、ACEスコアのアセスメント（ACEスクリーニング）を早期に臨床現場で行うべき、という主張を導くことが自然と思われるかもしれません。

しかし、リスクアセスメントによって「ハイリスク」とみなされることは、母親たちを追い詰め、監視されている感覚につながる可能性があります。[32] また、ACEによるトラウマケアの社会的体制が十分に整っていない現状で、ACEスクリーニングを単独で導入するのは、「リスクの把握しっぱなしで支援なし」という、支援する側の倫理的責任にも反した事態になりかねません。

支援者はACEスコアを徹底的にスクリーニングすることよりも、妊産婦がいつでも声を上げられるような関係づくりに努めることを優先すべきでしょう。そのためには、できるだけ同一の担当者が継続的に関わるのが望ましいです（担当保健師制）。[h] 担当となった保健師等は、初回の面接時において、自分の連絡先を書いた名刺等を妊婦に渡します。そして、1回の面接だけでなく、両親学級や乳児家庭全戸訪問、乳幼児健診などの機会に定期的に母親とその家族に接触し、信頼関係を築いていくことが求められます。こうした機会や窓口に足を運ぶことが難しい人や、特別な支援が必要な人に対しては、支援者が足を運ぶアウトリーチ型の家庭訪問も必要です。担当となった保健師等はその他の医療職や福祉専門職とも連携し、産後・子育て期においても、母親が発するニーズに対し、いつでも対応できる体制を作っておくべきです。これだけしてこそ、「伴走型支援」といえるのではないでしょうか。

目指されるのは、「妊娠期から子育て期にわたる切れ目のない支援」です。モデルとなるのが、フィンランドの「ネウボラ」です。かかりつけのネウボラ保健師を中心に、産前・産後・子育ての支援がワンストップの拠点で行われ、しかもすべての子ども家庭に対して実施されるという普遍性があります。

現在、日本でも母子保健と児童福祉の分野を統合することで、子育て世代に対する一体的な相談支援体制を構築することが目指されています。

2022年6月に成立した「児童福祉法等の一部を改正する法律」(令和4年改正児童福祉法)では、市区町村に対して**「こども家庭センター」**を設置する努力義務が課されました(2024年4月1日に施行)[33]。現状では、妊産婦や乳幼児の保護者の相談を受ける「子

図終-3　こども家庭センターの位置づけ

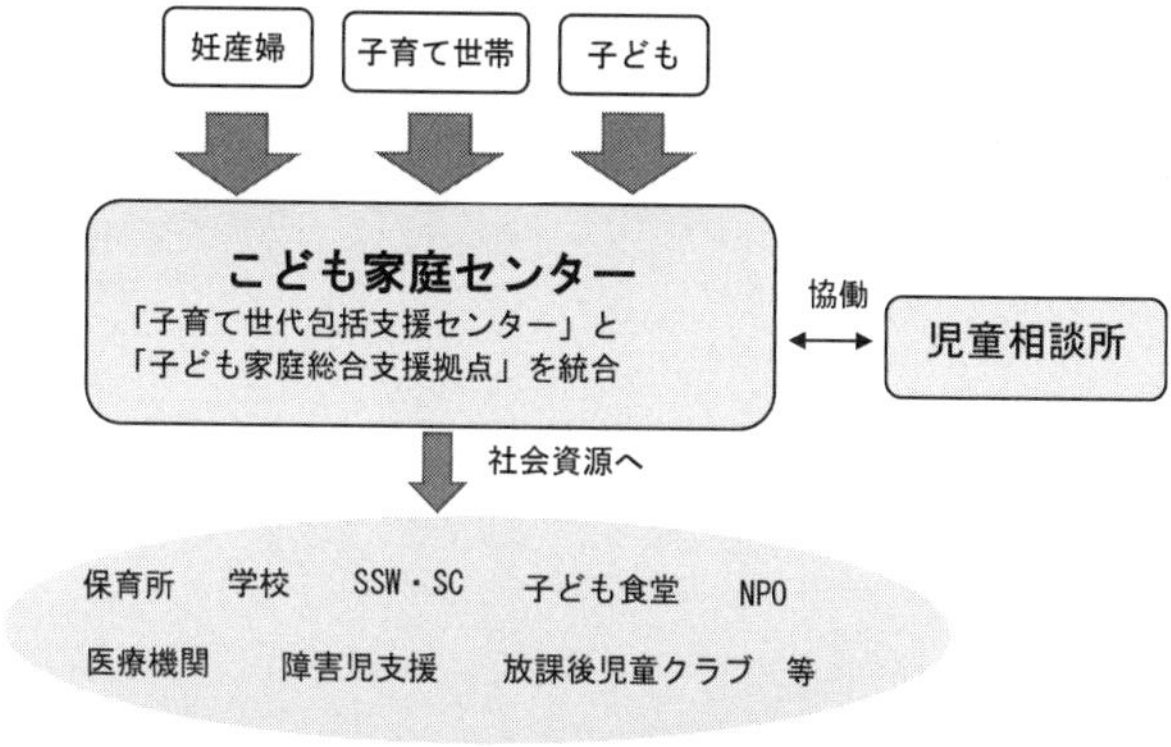

出所：厚生労働省（2022）の資料１をもとに筆者作成

育て世代包括支援センター」と、虐待や貧困などの問題を抱えた家庭に対応する「子ども家庭総合支援拠点」が併存している中で、両者を統合し、体制を強化することが目的です（図終－３）。

このこども家庭センターでは、支援を要する妊産婦・子育て世帯（保護者）・子どもへの「サポートプラン」の作成や、家事・育児の援助を行う「子育て世帯訪問支援事業」等の実施が想定されています。

現状の制度下においても、家庭訪問として、生後４カ月までの赤ちゃんがいるすべての家庭を対象とした「乳児家庭全戸訪問事業（こんにちは赤ちゃん事業）」や、特定の要支援家庭を対象とした「養育支援訪問事業」が実施されています。しかし、乳児家庭全戸訪問は原則１回のみですし、養育支援訪問は場合によって妊娠期から複数回訪問されるものの、まったく実施していない市区町村もあります（2020年4月1日時点で市区町村の17％が養育支援訪問事業を未実施）[31]。また、訪問者の人材確保や資質の確保といった課題も指摘されています。

こうした既存の事業を見直し、改善が図られなければ、新事業や新たな組織体制を立ち上げたとしても同様の課題が生じ、取りこぼしの事例が出てくるでしょう。こども家庭センターにおいて十分な人員を配置し、その専門性を確保するならば、当然ながら、潤沢な予算補助や、支援者が長く働き続けられるための人事制度も必要となります。

「こども家庭センター」は、ACEを予防する日本版ネウボラが実現するかどうかの試金石といえるでしょう。妊娠届提出時に保健師等が必ず面接を行い、継続的なコミュニケーションによって関係を築くことで、ACEサバイバーだけでなくすべての母親が、産前・産後・子育て期にわたって気軽に助けを求められる体制が整うことが切に望まれます。

ここに挙げた提言をすべて実現するのは簡単ではありません。多くの人々の共感の声とともに、積極的な財政支出が必要です。現状では、子育て関連の公的支出は対GDP比1・73％（2019年度）であり、主要な欧州諸国よりも低く、スウェーデンやイギリスの半分程度にすぎません。

しかし2023年4月に「こども家庭庁」が発足した今、子どもが安心して暮らせるための施策を強化する、またとない機運があります。岸田文雄首相は、子育て関連予算の倍増を打ち出していますが、それが達成され、適切に各地域における子育て支援や児童虐待対応システムの改善などに活用されるかどうか注視が必要です。

一介の研究者である私一人の力では、現状の「社会のしくみ」を変えることはできません。どうか研究者の皆さん、分野を問わず、ACEに関する研究を今よりもっと進め、ACE予防や対策、トラウマからの回復法に関するエビデンスを蓄積させましょう。そして政府機関や各自治体における政策立案者、議員の皆さんには、ACE研究が明らかにしている事実を十分に知ってもらい、既存のしくみの改善、新たなしくみの構築、社会への発信を進めていただきたいと思います。

ACEが当たり前の知識として普及しますように。ACEサバイバーやその予備軍の子どもたちに対する無関心が払拭され、彼らが生きやすくなる社会づくり、そしてACEが予防される社会づくりが進みますように。本書が、そうしたムーブメントにささやかな火を灯せるよう願っています。

a　ACE項目の一つである「親との別離（両親の離婚・別居）」に関しては、ACE予防の議論には馴染まない。夫婦間の高葛藤が生じる家庭では明らかに子どもは逆境を体験しており、それを解決する手段として離婚が選ばれる場合もあるからである。

b　2022年4月に、それまでの生野南小学校と田島小学校が統合され、新小学校（田島南小学校）として設置された。

c　「生命（いのち）の安全教育」は、2021年度から複数の学校での実証を経た後、2023年度から全国の公立小中高において普及が図られている。

d　SSWが2020年度に対応したのは小学校1万936校（全体の55％）、中学校5734校（56％）、高校1337校（27％）、特別支援学校279校（24％）。

e　新プランの目標は1年前倒しされ、2022年度配置目標は5765人に修正された。

f　2016年改正法では、市区町村は「児童の身近な場所における児童の福祉に関する支援」を行い、児相は「市町村に対する必要な助言及び適切な援助」と「専門的な知識及び技術並びに各市町村の区域を超えた広域的な対応が必要な業務」を行うことと整理されている（児童福祉法第3条の3）。

g　2022年度末から開始された「伴走型相談支援」（出産・子育て応援交付金）は、市区町村において妊娠届出時・出生届出時等に面談を受けた妊婦を対象に出産・子育て応援ギフト（産前5万円＋産後5万円＝10万円相当）を支給するものである。経済的支援は面談を受けるインセンティブにはなる一方、支援者との継続的な関係構築や支援者の専門性確保といった課題がある。

h　静岡県島田市の「島田市版ネウボラ」などの事例が参考になる。

謝辞

本研究はMEXT科研費JP20H05805、JSPS科研費JP21K13454の助成を受けたものです。MEXT科研費学術変革領域研究（A）「生涯学」の一環として行われ、データの使用にあたっては研究代表者の許可を得ました。

二次分析にあたり、高知県より「高知県子どもの生活実態調査」の個票データの提供を受けました。

また、「子ども期の逆境体験（ACE）の影響に関する生活史調査」には、多数の方にインタビューのご協力をいただきました。

本書の完成にあたり、上記関係者の皆さまに深く御礼申し上げます。

おわりに

2022年夏、私はこの本の原稿を書き進める一方、ある子ども食堂の活動に毎週通っていました。地域実習の担当教員として学生たちを引率しつつ、私自身もボランティアとして参加させてもらっていました。教会を開放して開催されたその子ども食堂では、夏休み中の小学生たちが、地域の大人たちや大学生と一緒に宿題をしたり遊んだりと、和やかな雰囲気が流れていました。

その学区ではちょうど1年前の夏（2021年8月1日）、小学校1年生の女の子が命を落とすという悲しい事件がありました。

当初、ジャングルジムから転落して亡くなったと思われたのが、捜査が進むにつれ、17歳の兄による暴行によって亡くなったこと、母親はほとんど不在で兄が妹の世話を行っていたこと、母親には5度の結婚歴があり違法薬物を所持していたことなどが明らかになりました。ACEの渦中にいた一人の子どもが亡くなり、一人の子どもが加害者となってしまったのです。この事件（大津小1女児暴行死事件）は全国的に報道されたので、ご存知の方も多いだろうと思います。

ジャングルジムがある公園の近所で暮らしていたご夫婦（里親歴10年）は、身近な場所で起きたこの事件に大変心を痛めました。ご夫婦が「自分たちにできることはないか」と思い立ち上げたのが、先述の子ども食堂です。1年前の悲しみ、悔しさを底流に、地域の子どもたちが安心して過ごせるための、多くの人を巻き込んだ居場所づくりが展開されていました。

私はまた、その子ども食堂で小学校1年生のIちゃんに出会いました。Iちゃんもまた、親から十分にケアされていないことが明らかにわかる女の子でした。

学校がない期間は、家で一人か、きょうだいだけで過ごすIちゃん。一緒に手を繋いでIちゃんの家まで送り届ける私に対して、「おうちで一緒に夜まで遊んで。ねぇお願い」と繰り返しせがむ姿からは、寂しさが滲み出ていました。私はIちゃんを抱き締めずにはいられませんでした。そんな彼女がいつでも立ち寄れる場所が家から数分のところにできたこと、子ども食堂の大人たち、民生委員、行政職員、学校の先生など、彼女を見守る大人が重層的に存在することがせめてもの救いでした。

見えていないだけで、ACEに曝されている子どもたちが現実にいる——。その事実を突きつけられた夏でした。

私はIちゃんや、事件で亡くなった女の子、加害者となった男の子に何ができたでしょうか。直接的に支援する立場にない私は、現状、目の前の仕事と雑務に追われ、私生活ではわが子の世話でいっぱいいっぱい……自分の無力さが募ります。

しかし研究者として、子ども時代に逆境に曝されることの実態を、社会調査で調べ、明らかになった事実を一般の人々に向けて発信することはできます。それによって、逆境に曝されている子どもたち／かつて曝されていた大人たちに対する関心を喚起し、社会的取り組みの機運を1ミリでも高めることができるかもしれない——。そんな傲慢な希望と祈りを込めて、本書を書き進めました。

とはいえ、私がこの本で取り上げた「ACE」というテーマは、あまりに巨大で深遠でした。私はこのテーマを飼い慣らせるほどの技量に乏しく、分野と言語を越境して膨大な研究蓄積をレビューし、ほうぼうに目を配って議論するのは、正直、心身をすり減らす作業でした。

当然ながら、抜け落ちている論点や、誤った論じ方があっただろうと思います。やはり一人の力だけで議論し尽くせるものでもありません。さまざまな知識・ご経験をもつ多くの方々のご意見と相互交流が必要だと痛感しました。

どうか皆さんも各々のお立場から、「ACEサバイバーが生きやすい社会」「ACEを予防できる社会」が実現するための方策について、一緒に考えてください。私も考え続けていこうと思います。

「ACEの入門書」といえる本書が、皆さんがACEについて考えるきっかけになり、ACEをめぐる我々のコミュニケーションが始まるとしたら、筆者としてこの上ない喜びです。きっとその先に、今よりも誰かが救われる未来があると信じています。


本書を執筆・出版するにあたっては、多くの方々にお力を貸していただきました。

データ分析の中核となった、2万人を対象としたアンケート（生涯学WEB調査）は、「生涯学」という研究プロジェクトの一環として実施されました。本プロジェクトの代表である京都大学の月浦崇先生には、寛大な姿勢で私たちの研究班の研究活動を後押ししていただきました。同大学の柴田悠先生には、班代表として、調査の設計、調査票作成、調査会社とのやり取りなど、あらゆる仕事を一手に担っていただきました。また、センシティブな質問が含まれる調査票に回答してくださった2万人の調査協力者の方々がいたからこそ、調査研究の成果として本書を世に出すことができました。心から感謝しております。

インタビュー（生活史調査）にご協力いただいたAさん、B子さん、C美さん、Dさん、Eさん、Fさんには、これまでほとんど他者には語ってこなかったご経験をお話しいただき、内容を掲載することに許可をいただきました。とくにB子さん、C美さんには、何度も連絡のやり取りをし、原稿をチェックしていただいたり、当時の心境について再度お話を聞かせていただいたりしました。お2人の壮絶な人生のあゆみと、紡がれた数々の言葉は、多くのACEサバイバーが生きていく力になると信じています。

龍谷大学社会学部の同僚である松岡亮二先生には、この本を出版するにあたり相談に乗っていただき、筑摩書房の編集部につないでいただきました。『教育格差』（2019年、ちくま新書）を皮切りに、精力的に執筆活動、社会発信に尽力される松岡先生のお姿にも、大きな刺激を受けてきました。

産婦人科医・研究者である池田裕美枝先生と、社会学・政策論に詳しい柴田悠先生には、お忙しい中で本書の原稿の全文に目を通していただきました。補うべき知識や論点を教えていただき、原稿の改良に大変役立ちました。

そして、担当編集者である筑摩書房の羽田雅美さんには、家族関連の新書を複数担当されてきた視点から、いつも的確かつ温かいフィードバックをいただきました。おかげで、安心して最後まで書き上げることができました。

ここにお名前を挙げられなかった方々も含めて、皆さま本当にありがとうございました。幾多の研究・実践の営み、多くの人々のご協力のおかげで何とか世に問う形にできた本書を、「子ども期の逆境」の当事者である人に、また、この問題をどうにかしたいと奮闘するすべての人に捧げます。

2023年初春

三谷　はるよ

【引用文献】

序章

1　Centers for Disease Control and Prevention. Behavioral Risk Factor Surveillance System ACE Data. Published 2020. Accessed October 1, 2022. https://www.cdc.gov/violenceprevention/aces/ace-brfss.html

2　厚生労働省「児童虐待防止対策」２０２２年公表、２０２２年10月１日アクセス　https://www.mhlw.go.jp/stf/seisakunitsuite/bunya/kodomo/kodomo_kosodate/dv/index.html

3　内閣府男女共同参画局「配偶者暴力相談支援センターにおける相談件数等（令和２年度分）」２０２２年公表、２０２２年10月１日アクセス　https://www.gender.go.jp/policy/no_violence/e-vaw/data/pdf/2020soudan.pdf

4　Gelles RJ. Through a sociological lens: social structure and family violence. In: Gelles RJ, Loseke DR, eds. *Current Controversies on Family Violence*. SAGE Publications, Inc.; 1993: 31-46

5　渡辺秀樹「家族の変容と社会化論再考」『教育社会学研究』１９８９（44: 28-49）

6　落合恵美子『21世紀家族へ――家族の戦後体制の見かた・超えかた』有斐閣　１９９４

7　牧野カツコ「〈育児不安〉の概念とその影響要因についての再検討」『家庭教育研究所紀要』１９８８（10: 23-31）

8　信田さよ子『アダルト・チルドレン――自己責任の罠を抜けだし、私の人生を取り戻す』学芸みらい社　２０２１

9　スーザン・フォワード／玉置悟訳『毒になる親――一生苦しむ子供』講談社　２００１

10　滝川一廣「逆境がもたらすもの――心的外傷・愛着障害・逆境体験」『そだちの科学』２０２２（39: 2-9）

11　Finkelhor D, Shattuck A, Turner H, Hamby S. A revised inventory of Adverse Childhood

Experiences. *Child Abuse Negl*. 2015; 48: 13–21. doi:10.1016/j.chiabu.2015.07.011

第1章

1 Felitti VJ. Origins of the ACE Study. *Am J Prev Med*. 2019; 56 (6): 787–789. doi:10.1016/j.amepre.2019.02.011

2 Centers for Disease Control and Prevention. About the CDC-Kaiser ACE Study. Published 2021. Accessed October 1, 2022. https://www.cdc.gov/violenceprevention/aces/about.html

3 Felitti VJ, Anda RF, Nordenberg D, et al. Relationship of childhood abuse and household dysfunction to many of the leading causes of death in adults: The Adverse Childhood Experiences (ACE) Study. *Am J Prev Med*. 1998; 14 (4): 245–258. doi:10.1016/s0749-3797(98)00017-8

4 Sheridan MA, McLaughlin KA. Neurodevelopmental mechanisms linking ACEs with psychopathology. In: Asmundson GJG, Afifi TO, eds. *Adverse Childhood Experiences: Using Evidence to Advance Research, Practice, Policy, and Prevention*. Academic Press; 2019: 265–285.

5 Dong M, Giles WH, Felitti VJ, et al. Insights into causal pathways for ischemic heart disease: Adverse Childhood Experiences Study. *Circulation*. 2004; 110 (13): 1761–1766. doi:10.1161/01.cir.0000143074.54995.7f

6 Su S, Jimenez MP, Roberts CTF, Loucks EB. The role of adverse childhood experiences in cardiovascular disease risk: A review with emphasis on plausible mechanisms. *Curr Cardiol Rep*. 2015; 17 (10): 1–10. doi:10.1007/s11886-015-0645-1

7 Gilbert LK, Breiding MJ, Merrick MT, et al. Childhood adversity and adult chronic disease: An update from ten states and the District of Columbia, 2010. *Am J Prev Med*. 2015; 48 (3): 345–

349. doi:10.1016/j.amepre.2014.09.006
8 Dong M, Dube S, Felitti V, Giles WH, Anda RF. Adverse childhood experiences and self-reported liver disease: New insights into the causal pathway. *Arch Intern Med*. 2003; 163 (16): 1949-1956. doi:10.1001/archinte.163.16.1949
9 Brown DW, Anda RF, Felitti VJ, et al. Adverse childhood experiences are associated with the risk of lung cancer: A prospective cohort study. *BMC Public Health*. 2010; 10 (1): 20. doi:10.1186/1471-2458-10-20
10 Anda RF, Brown DW, Dube SR, Bremner JD, Felitti VJ, Giles WH. Adverse childhood experiences and chronic obstructive pulmonary disease in adults. *Am J Prev Med*. 2008; 34 (5): 396-403. doi:10.1016/j.amepre.2008.02.002
11 Huang H, Yan P, Shan Z, et al. Adverse childhood experiences and risk of type 2 diabetes: A systematic review and meta-analysis. *Metabolism*. 2015; 64 (11): 1408-1418. doi:10.1016/j.metabol.2015.08.019
12 Anda R, Tietjen G, Schulman E, Felitti V, Croft J. Adverse childhood experiences and frequent headaches in adults. *Headache J Head Face Pain*. 2010; 50 (9): 1473-1481. doi:10.1111/j.1526-4610.2010.01756.x
13 Chapman DP, Wheaton AG, Anda RF, et al. Adverse childhood experiences and sleep disturbances in adults. *Sleep Med*. 2011; 12 (8): 773-779. doi:10.1016/j.sleep.2011.03.013
14 Dube SR, Miller JW, Brown DW, et al. Adverse childhood experiences and the association with ever using alcohol and initiating alcohol use during adolescence. *J Adolesc Heal*. 2006; 38 (4): 444.e1-e10. doi:10.1016/j.jadohealth.2005.06.006
15 Anda RF, Whitfield CL, Felitti VJ, et al. Adverse childhood experiences, alcoholic parents, and later risk of alcoholism and depression. *Psychiatr Serv*. 2002; 53 (8): 1001-10C9.

doi:10.1176/appi.ps.53.8.1001
16 Merrick MT, Ports KA, Ford DC, Afifi TO, Gershoff ET, Grogan-Kaylor A. Unpacking the impact of adverse childhood experiences on adult mental health. *Child Abus Negl*. 2017; 69: 10-19. doi:10.1016/j.chiabu.2017.03.016
17 Bellis MA, Lowey H, Leckenby N, Hughes K, Harrison D. Adverse childhood experiences: Retrospective study to determine their impact on adult health behaviours and health outcomes in a UK population. *J Public Health* (*Oxf*) . 2014; 36 (1): 81-91. doi:10.1093/pubmed/fdt038
18 Dube SR, Felitti VJ, Dong M, Chapman DP, Giles WH, Anda RF. Childhood abuse, neglect, and household dysfunction and the risk of illicit drug use: The Adverse Childhood Experiences Study. *Pediatrics*. 2003; 111 (3): 564-572. doi:10.1542/peds.111.3.564
19 Ford ES, Anda RF, Edwards VJ, et al. Adverse childhood experiences and smoking status in five states. *Prev Med* (*Baltim*) . 2011; 53 (3): 188-193. doi:10.1016/j.ypmed.2011.06.015
20 Hillis SD, Anda RF, Felitti VJ, Marchbanks PA. Adverse childhood experiences and sexual risk behaviors in women: A retrospective cohort study. *Fam Plann Perspect*. 2001; 33 (5): 206-211. doi:10.2307/2673783
21 Hillis SD, Anda RF, Dube SR, Felitti VJ, Marchbanks PA, Marks JS. The association between adverse childhood experiences and adolescent pregnancy, long-term psychosocial consequences, and fetal death. *Pediatrics*. 2004; 113 (2): 320-327. doi:10.1542/peds.113.2.320
22 Chapman DP, Whitfield CL, Felitti VJ, Dube SR, Edwards VJ, Anda RF. Adverse childhood experiences and the risk of depressive disorders in adulthood. *J Affect Disord*. 2004; 82 (2): 217-225. doi:10.1016/j.jad.2003.12.013
23 Elmore AL, Crouch E. The association of adverse childhood experiences with anxiety and

depression for children and youth, 8 to 17 years of age. *Acad Pediatr*. 2020; 20 (5): 600–608. doi:10.1016/j.acap.2020.02.012

24 Schalinski I, Teicher MH, Nischk D, Hinderer E, Müller O, Rockstroh B. Type and timing of adverse childhood experiences differentially affect severity of PTSD, dissociative and depressive symptoms in adult inpatients. *BMC Psychiatry*. 2016; 16: 295. doi:10.1186/s12888-016-1004-5

25 Dube SR, Anda RF, Felitti VJ, Chapman DP, Williamson DF, Giles WH. Childhood abuse, household dysfunction, and the risk of attempted suicide throughout the life span: Findings from the Adverse Childhood Experiences Study. *J Am Med Assoc*. 2001; 286 (24): 3089–3096. doi:10.1001/jama.286.24.3089

26 Petruccelli K, Davis J, Berman T. Adverse childhood experiences and associated health outcomes: A systematic review and meta-analysis. *Child Abus Negl*. 2019; 97: 104127. doi:10.1016/j.chiabu.2019.104127

27 Brown DW, Anda RF, Tiemeier H, et al. Adverse childhood experiences and the risk of premature mortality. *Am J Prev Med*. 2009; 37 (5): 389–396. doi:10.1016/j.amepre.2009.06.021

28 Amemiya A, Fujiwara T, Shirai K, et al. Association between adverse childhood experiences and adult diseases in older adults: A comparative cross-sectional study in Japan and Finland. *BMJ Open*. 2019; 9 (8): e024609. doi:10.1136/bmjopen-2018-024609

29 Fujiwara T, Kawakami N. Association of childhood adversities with the first onset of mental disorders in Japan: Results from the World Mental Health Japan, 2002–2004. *J Psychiatr Res*. 2011; 45 (4): 481–487. doi:10.1016/j.jpsychires.2010.08.002

30 Tani Y, Fujiwara T, Kondo K. Association between adverse childhood experiences and

dementia in older Japanese adults. *JAMA Netw Open*. 2020; 3 (2): e1920740. doi:10.1001/jamanetworkopen.2019.20740

31 Amemiya A, Fujiwara T, Murayama H, Tani Y, Kondo K. Adverse childhood experiences and higher-level Functional limitations among older Japanese people: Results from the JAGES Study. *Journals Gerontol Ser A*. 2018; 73 (2): 261-266. doi:10.1093/gerona/glx097

32 Doi S, Fujiwara T. Combined effect of adverse childhood experiences and young age on self-harm ideation among postpartum women in Japan. *J Affect Disord*. 2019; 253: 410-418. doi:10.1016/j.jad.2019.04.079

33 Garner AS, Shonkoff JP, Siegel BS, et al. Early childhood adversity, toxic stress, and the role of the pediatrician: Translating developmental science into lifelong health. *Pediatrics*. 2012; 129 (1): e224-e231. doi:10.1542/peds.2011-2662

34 丸山総一郎編『ストレス学ハンドブック』創元社 2015

35 ナディン・B・ハリス／片桐恵理子訳『小児期トラウマと闘うツール――進化・浸透するACE対策』パンローリング 2019

36 牟礼佳苗「ストレスのメカニズムとプロセス――生物学的側面（1）：生化学からの接近」『ストレス学ハンドブック』（丸山総一郎編）創元社 2015 (15-24)

37 秋山一文・斉藤淳「ストレスと精神障害」*Dokkyo J Med Sci*. 2006; 33 (3): 204-212.

38 Miller GE, Cohen S, Ritchey AK. Chronic psychological stress and the regulation of pro-inflammatory cytokines: A glucocorticoid-resistance model. *Heal Psychol*. 2002; 21 (6): 531-541. doi:10.1037/0278-6133.21.6.531

39 安保徹『免疫革命』講談社インターナショナル 2003

40 Bierhaus A, Wolf J, Andrassy M, et al. A mechanism converting psychosocial stress into mononuclear cell activation. *Proc Natl Acad Sci U S A*. 2003; 100 (4): 1920-1925. doi:10.1073/

pnas.0438019100
41 Chiang JJ, Taylor SE, Bower JE. Early adversity, neural development, and inflammation. *Dev Psychobiol*. 2015; 57 (8): 887–907. doi:10.1002/dev.21329
42 De Bellis MD, Baum AS, Birmaher B, et al. A.E. Bennett Research Award. Developmental traumatology. Part I: Biological stress systems. *Biol Psychiatry*. 1999; 45 (10): 1259–1270. doi: 10.1016/s0006-3223 (99) 00044-x
43 Carrion VG, Weems CF, Ray RD, Glaser B, Hessl D, Reiss AL. Diurnal salivary cortisol in pediatric posttraumatic stress disorder. *Biol Psychiatry*. 2002; 51 (7): 575–582. doi:10.1016/s0006-3223 (01) 01310-5
44 Carlson M, Earls F. Psychological and neuroendocrinological sequelae of early social deprivation in institutionalized children in Romania. *Ann NY Acad Sci*. 1997; 807: 419–428. doi:10 1111/j.1749-6632.1997.tb51936.x
45 Koss KJ, Mliner SB, Donzella B, Gunnar MR. Early adversity, hypocortisolism, and behavior problems at school entry: A study of internationally adopted children. *Psychoneuroendocrinology*. 2016; 66: 31–38. doi:10.1016/j.psyneuen.2015.12.018
46 Zalewski M, Lengua LJ, Kiff CJ, Fisher PA. Understanding the relation of low income to HPA-axis functioning in preschool children: Cumulative family risk and parenting as pathways to disruptions in cortisol. *Child Psychiatry Hum Dev*. 2012; 43 (6): 924–942. doi:10.1007/s10578-012-0304-3
47 Danese A, Moffitt TE, Harrington HL, et al. Adverse childhood experiences and adult risk factors for age-related disease: Depression, inflammation, and clustering of metabolic risk markers. *Arch Pediatr Adolesc Med*. 2009; 163 (12): 1135–1143. doi:10.1001/archpediatrics.2009.214

48 Danese A, Caspi A, Williams B, et al. Biological embedding of stress through inflammation processes in childhood. *Mol Psychiatry*. 2011; 16 (3): 244. doi:10.1038/mp.2010.5

49 McEwen BS, Gianaros PJ, Milliken M. Stress- and allostasis-induced brain plasticity. *Annu Rev Med*. 2011; 62: 431-445. doi:10.1146/annurev-med-052209-100430

50 McEwen B. Physiology and neurobiology of stress and adaptation: Central role of the brain. *Physiol Rev*. 2007; 87 (3): 873-904. doi:10.1152/physrev.00041.2006

51 Hanson JL, Chung MK, Avants BB, et al. Early stress is associated with alterations in the orbitofrontal cortex: A tensor-based morphometry investigation of brain structure and behavioral risk. *J Neurosci*. 2010; 30 (22): 7466-7472. doi:10.1523/jneurosci.0859-10.2010

52 De Bellis M, Keshavan M, Shifflett H, et al. Brain structures in pediatric maltreatment-related posttraumatic stress disorder: A sociodemographically matched study. *Biol Psychiatry*. 2002; 52 (11): 1066-1078. doi:10.1016/s0006-3223 (02) 01459-2

53 Beers SR, Bellis MD De. Neuropsychological function in children with maltreatment-related posttraumatic stress disorder. *Am J Psychiatry*. 2002; 159 (3): 483-486. doi:10.1176/appi.ajp.159.3.483

54 Mehta M, Golembo N, Nosarti C, et al. Amygdala, hippocampal and corpus callosum size following severe early institutional deprivation: The English and Romanian Adoptees Study Pilot. *J Child Psychol Psychiatry*. 2009; 50 (8): 943-951. doi:10.1111/j.1469-7610.2009.02084.x

55 Tottenham N, Hare TA, Quinn BT, et al. Prolonged institutional rearing is associated with atypically larger amygdala volume and difficulties in emotion regulation. *Dev Sci*. 2010; 13 (1): 46. doi:10.1111/j.1467-7687.2009.00852.x

56 Bremner JD, Randall P, Vermetten E, et al. Magnetic resonance imaging-based measurement of hippocampal volume in posttraumatic stress disorder related to childhood physical and

sexual abuse: A preliminary report. *Biol Psychiatry*. 1997; 41 (1): 23-32. doi:10.1016/s0006-3223 (96) 00162-x

57 Teicher MH, Anderson CM, Polcari A. Childhood maltreatment is associated with reduced volume in the hippocampal subfields CA3, dentate gyrus, and subiculum. *Proc Natl Acad Sci*. 2012; 109 (9): E563-E572. doi:10.1073/pnas.1115396109

58 Rao U, Chen LA, Bidesi AS, Shad MU, Thomas MA, Hammen CL. Hippocampal changes associated with early-life adversity and vulnerability to depression. *Biol Psychiatry*. 2010 67 (4): 357. doi:10.1016/j.biopsych.2009.10.017

59 友田明美『子どもの脳を傷つける親たち』ＮＨＫ出版 ２０１７

60 仲野徹『エピジェネティクス——新しい生命像をえがく』岩波書店 ２０１４

61 Jiang S, Postovit L, Cattaneo A, Binder EB, Aitchison KJ. Epigenetic modifications in stress response genes associated with childhood trauma. *Front Psychiatry*. 2019; 10: 808. doi:10.3389/fpsyt.2019.00808

62 Labonté B, Suderman M, Maussion G, et al. Genome-wide epigenetic regulation by early-life trauma. *Arch Gen Psychiatry*. 2012; 69 (7): 722-731. doi:10.1001/archgenpsychiatry.2011.2287

63 Suderman M, Borghol N, Pappas JJ, et al. Childhood abuse is associated with methylation of multiple loci in adult DNA. *BMC Med Genomics*. 2014; 7 (1): 13. doi:10.1186/1755-8794-7-13

64 Provençal N, Suderman MJ, Guillemin C, et al. Association of childhood chronic physical aggression with a DNA methylation signature in adult human T cells. *PLoS One*. 2014; 9 (4): e89839. doi:10.1371/journal.pone.0089839

65 Naumova OY, Lee M, Koposov R, Szyf M, Dozier M, Grigorenko EL. Differential patterns of whole-genome DNA methylation in institutionalized children and children raised by their

biological parents. *Dev Psychopathol*. 2012; 24 (1): 143-155. doi:10.1017/s0954579411000605

66 Tyrka AR, Price LH, Marsit C, Walters OC, Carpenter LL. Childhood adversity and epigenetic modulation of the leukocyte glucocorticoid receptor: Preliminary findings in healthy adults. *PLoS One*. 2012; 7 (1): e30148. doi:10.1371/journal.pone.0030148

67 伊角彩・土井理美・藤原武男「小児期逆境体験の影響に関する疫学研究」『精神医学』2019 (61 [10]: 1179-1185)

68 Shonkoff JP, Garner AS, Siegel BS, et al. The lifelong effects of early childhood adversity and toxic stress. *Pediatrics*. 2012; 129 (1): e232-e246. doi:10.1542/peds.2011-2663

69 Baglivio MT, Epps N, Swartz K, Huq MS, Sheer AJ, Hardt N. The prevalence of adverse childhood experiences (ACE) in the lives of juvenile offenders. *J Juv Justice*. 2014; 3 (2): 1-17. Accessed October 1, 2022. http://www.journalofjuvjustice.org/JOJJ0302/article01.htm

70 ドナ・J・ナカザワ／清水由貴子訳『小児期トラウマがもたらす病――ACEの実態と対策』パンローリング 2018

71 ステファン・W・ポージェス／花丘ちぐさ訳『ポリヴェーガル理論入門――心身に変革をおこす「安全」と「絆」』春秋社 2018

第2章

1 Sansone RA, Leung JS, Wiederman MW. Five forms of childhood trauma: Relationships with employment in adulthood. *Child Abuse Negl*. 2012; 36: 676-679. doi:10.1016/j.chiabu.2012.07.007

2 Zielinski DS. Child maltreatment and adult socioeconomic well-being. *Child Abuse Negl*. 2009; 33: 666-678. doi:10.1016/j.chiabu.2009.09.001

3 Currie J, Widom CS. Long-term consequences of child abuse and neglect on adult economic well-being. *Child Maltreat*. 2010; 15 (2): 111-120. doi:10.1177/1077559509355316
4 Covey HC, Menard S, Franzese RJ. Effects of adolescent physical abuse, exposure to neighborhood violence, and witnessing parental violence on adult socioeconomic status. *Child Maltreat*. 2013; 18 (2): 85-97. doi:10.1177/1077559513477914
5 Macmillan R, Hagan J. Violence in the transition to adulthood: Adolescent victimization, education, and socioeconomic attainment in later life. *J Res Adolesc*. 2004; 14 (2): 127-158. doi:10.1111/j.1532-7795.2004.01402001.x
6 Metzler M, Merrick MT, Klevens J, Ports KA, Ford DC. Adverse childhood experiences and life opportunities: Shifting the narrative. *Child Youth Serv Rev*. 2017; 72: 141-149. doi:10.1016/j.childyouth.2016.10.021
7 三輪哲・石田浩「戦後日本の階層構造と社会移動に関する基礎分析」『２００５年ＳＳＭ日本調査の基礎分析――構造・趨勢・方法』（三輪哲・小林大祐編）２００５年ＳＳＭ調査研究会 ２００８（73-93）
8 Ishida H. Long-term trends in intergenerational class mobility.『２０１５年ＳＳＭ調査報告書３ 社会移動・健康』（吉田崇編）２０１５年ＳＳＭ調査研究会 ２０１８（41-64）
9 松岡亮二『教育格差――階層・地域・学歴』ちくま新書 ２０１９
10 石田浩「世代間階層移動と教育の趨勢」『少子高齢社会の階層構造１ 人生初期の階層構造』（中村高康・三輪哲・石田浩編）東京大学出版会 ２０１９（19-36）
11 阿部彩『子どもの貧困――日本の不公平を考える』岩波新書 ２００８
12 阿部彩『子どもの貧困Ⅱ――解決策を考える』岩波新書 ２０１４
13 Shaefer HL, Lapidos A, Wilson R, Danziger S. Association of income and adversity in childhood with adult health and well-being. *Soc Serv Rev*. 2018; 92 (1): 69-92. doi:10.1086/696891
14 Pitkänen J, Remes H, Moustgaard H, Martikainen P. Parental socioeconomic resources and

adverse childhood experiences as predictors of not in education, employment, or training: A Finnish register-based longitudinal study. *J Youth Stud*. 2021; 24 (1): 1-18. doi:10.1080/13676261.2019.1679745
15 Oh DL, Jerman P, Silvério Marques S, et al. Systematic review of pediatric health outcomes associated with childhood adversity. *BMC Pediatr*. 2018; 18 (1): 83. doi:10.1186/s12887-018-1037-7
16 Monnat SM, Chandler RF. Long term physical health consequences of adverse childhood experiences. *Sociol Q*. 2015; 56 (4): 723-752. doi:10.1111/tsq.12107
17 吉川徹『学歴分断社会』ちくま新書 ２００９
18 吉川徹『日本の分断――切り離される非大卒若者（レッグス）たち』光文社 ２０１８
19 三谷はるよ「子ども期の逆境体験（ＡＣＥ）と自殺念慮」『自殺予防と危機介入』２０２２ (42 [2]: 9-13)

第3章

1 ジュディス・L・ハーマン／中井久夫訳『心的外傷と回復　増補版』みすず書房 １９９９
2 ベッセル・ヴァン・デア・コーク／柴田裕之訳『身体はトラウマを記録する――脳・心・体のつながりと回復のための手法』紀伊國屋書店 ２０１６
3 杉山登志郎『子ども虐待という第四の発達障害』学研 ２００７
4 Main M, Solomon J. Discovery of an insecure-disorganized/disoriented attachment pattern. In: Brazelton TB, Yogman MW, eds. *Affective Development in Infancy*. Ablex Publishing; 1986: 95-124.
5 Carlson V, Cicchetti D, Barnett D, Braunwald K. Disorganized/disoriented attachment relationships in maltreated infants. *Dev Psychol*. 1989; 25 (4): 525-531. doi:10.1037/0012-1649.25.4.525

6 白川美也子監修『トラウマのことがわかる本――生きづらさを軽くするためにできること』講談社 ２０１９
7 三谷はるよ「社会的孤立に対する子ども期の不利の影響――「不利の累積仮説」の検証」『福祉社会学研究』２０１９（16: 179-199）doi:10.11466/jws.16.0_179
8 石田光規『孤立の社会学――無縁社会の処方箋』勁草書房 ２０１１
9 Steele H, Bate J, Steele M, et al. Adverse childhood experiences, poverty, and parenting stress. *Can J Behav Sci*. 2016; 48（1）: 32-38. doi:10.1037/cbs0000034
10 Lange BCL, Callinan LS, Smith M V. Adverse childhood experiences and their relation to parenting stress and parenting practices. *Community Ment Health J*. 2019; 55（4）: 651-662. doi:10.1007/s10597-018-0331-z
11 Chung EK, Mathew L, Rothkopf AC, Elo IT, Coyne JC, Culhane JF. Parenting attitudes and infant spanking: The influence of childhood experiences. *Pediatrics*. 2009; 124（2）: e278-e286. doi:10.1542/peds.2008-3247
12 Fujiwara T, Okuyama M, Izumi M. The cycle of violence: Childhood abuse history, domestic violence and child maltreatment among Japanese mothers. 2010; 53: 211-224. doi:10.2117/psysoc.2010.211
13 Mitani H. Effects of maternal adverse childhood experiences on parental maltreatment of children: An empirical study of mediating factors among Japanese mothers. *Child Fam Soc Work*. 2022; 27（3）: 422-434. doi:10.1111/cfs.12893
14 Madigan S, Wade M, Plamondon A, Maguire JL, Jenkins JM. Maternal adverse childhood experience and infant health: Biomedical and psychosocial risks as intermediary mechanisms. *J Pediatr*. 2017; 187: 282-289.e1. doi:10.1016/j.jpeds.2017.04.052
15 McDonnell CG, Valentino K. Intergenerational effects of childhood trauma: Evaluating pathways among maternal ACEs, perinatal depressive symptoms, and infant outcomes. *Child*

Maltreat. 2016; 21 (4): 317-326. doi:10.1177/1077559516659556

16 McDonald SW, Madigan S, Racine N, Benzies K, Tomfohr L, Tough S. Maternal adverse childhood experiences, mental health, and child behaviour at age 3: The all our families community cohort study. *Prev Med (Baltim)*. 2019; 118: 286-294. doi:10.1016/j.ypmed.2018.11.013

17 Cooke JE, Racine N, Plamondon A, Tough S, Madigan S. Maternal adverse childhood experiences, attachment style, and mental health: Pathways of transmission to child behavior problems. *Child Abus Negl*. 2019; 93: 27-37. doi:10.1016/j.chiabu.2019.04.011

18 Hetherington E, Racine N, Madigan S, McDonald S, Tough S. Relative contribution of maternal adverse childhood experiences to understanding children's externalizing and internalizing behaviours at age 5: Findings from the All Our Families cohort. *Can Med Assoc J Open*. 2020; 8 (2): E352-E359. doi:10.9778/cmajo.20190149

19 Folger AT, Eismann EA, Stephenson NB, et al. Parental adverse childhood experiences and offspring development at 2 Years of Age. *Pediatrics*. 2018; 141 (4): e20172826. doi:10.1542/peds.2017-2826

20 Racine N, Plamondon A, Madigan S, McDonald S, Tough S. Maternal adverse childhood experiences and infant development. *Pediatrics*. 2018; 141 (4): e20172495. doi:10.1542/peds.2017-2495

21 Lê-Scherban F, Wang X, Kathryn HBS, Pachter LM. Intergenerational associations of parent adverse childhood experiences and child health outcomes. *Pediatrics*. 2018; 141 (6): e20174274. doi:10.1542/peds.2017-4274

22 Schickedanz A, Halfon N, Sastry N, Chung PJ. Parents' adverse childhood experiences and their children's behavioral health problems. *Pediatrics*. 2018; 142 (2): e20180023. doi:10.1542/peds.2018-0023

23 Doi S, Fujiwara T, Isumi A. Association between maternal adverse childhood experiences and mental health problems in offspring: An intergenerational study. *Dev Psychopathol*. 2021; 33(3): 1041-1058. doi:10.1017/s0954579420000334
24 Doi S, Fujiwara T, Isumi A. Association between maternal adverse childhood experiences and child's self-rated academic performance: Results from the K-CHILD study. *Child Abus Negl*. 2020; 104: 104478. doi:10.1016/j.chiabu.2020.104478
25 Doi S, Isumi A, Fujiwara T. Association between maternal adverse childhood experiences and child resilience and self-esteem: Results from the K-CHILD study. *Child Abus Negl*. 2022; 127: 105590. doi:10.1016/j.chiabu.2022.105590
26 Sandman CA, Davis EP, Buss C, Glynn LM. Prenatal programming of human neurological function. *Int J Pept*. 2011; 2011: 837596. doi:10.1155/2011/837596
27 Vaux A. *Social Support: Theory, Research, and Intervention*. Praeger; 1988.
28 浦光博『支えあう人と人――ソーシャル・サポートの社会心理学』サイエンス社 1992
29 高知県地域福祉部児童家庭課「高知県子どもの生活実態調査報告書」2019

第4章

1 American Psychological Association. APA Dictionary of Psychology. Accessed October 1, 2022. https://dictionary.apa.org/resilience
2 スティーブン・M・サウスウィック、デニス・S・チャーニー／森下愛訳、西大輔・森下博文監訳『レジリエンス――人生の危機を乗り越えるための科学と10の処方箋』岩崎学術出版社 2015
3 Luthar SS, Crossman EJ, Small PJ. Resilience and adversity. In: Lamb ME, Lerner RM, eds. *Handbook of Child Psychology and Developmental Science: Socioemotional Processes*. John Wiley & Sons, Inc.; 2015: 247-286.

4 Luthar SS. Resilience in development: A synthesis of research across five decades. In: Cicchetti D, Cohen DJ, eds. *Developmental Psychopathology: Risk, Disorder, and Adaptation*. John Wiley & Sons, Inc.; 2006: 739-795.

5 Masten AS, Best KM, Garmezy N. Resilience and development: Contributions from the study of children who overcome adversity. *Dev Psychopathol*. 1990; 2 (4): 425-444. doi:10.1017/s0954579400005812

6 Edwards EP, Eiden RD, Leonard KE. Behavior problems in 18- to 36-month-old children of alcoholic fathers: Secure mother-infant attachment as a protective factor. *Dev Psychopathol*. 2006; 18 (2): 395-407. doi:10.1017/s0954579406060214

7 Coley RL, Lewin-Bizan S, Carrano J. Does early paternal parenting promote low-income children's long-term cognitive skills? *J Fam Issues*. 2011; 32 (11): 1522-1542. doi:10.1177/0192513x11402175

8 Zolkoski SM. The importance of teacher-student relationships for students with emotional and behavioral disorders. *Prev Sch Fail Altern Educ Child Youth*. 2019; 63 (3): 236-241. doi:10.1080/1045988x.2019.1579165

9 Kotchick BA, Dorsey S, Heller L. Predictors of parenting among African American single mothers: Personal and contextual factors. *J Marriage Fam*. 2005; 67 (2): 448-460. doi:10.1111/j.0022-2445.2005.00127.x

10 Luthar SS, Suchman NE, Altomare M. Relational psychotherapy mothers' group: A randomized clinical trial for substance abusing mothers. *Dev Psychopathol*. 2007; 19 (1): 243-261. doi:10.1017/s0954579407070137

11 Valdez CR, Mills CL, Barrueco S, Leis J, Riley AW. A pilot study of a family-focused intervention for children and families affected by maternal depression. *J Fam Ther*. 2011; 33

(1): 3-19. doi:10.1111/j.1467-6427.2010.00529.x

12 Masten AS, Hubbard JJ, Gest SD, Tellegen A, Garmezy N, Ramirez M. Competence in the context of adversity: Pathways to resilience and maladaptation from childhood to late adolescence. *Dev Psychopathol*. 1999; 11 (1): 143-169. doi:10.1017/s0954579499001996

13 Lawler MJ, Shaver PR, Goodman GS. Toward relationship-based child welfare services. *Child Youth Serv Rev*. 2011; 33 (3): 473-480. doi:10.1016/j.childyouth.2010.06.018

14 Barnett MA, Scaramella LV, Neppl TK, Ontai LL, Conger RD. Grandmother involvement as a protective factor for early childhood social adjustment. *J Fam Psychol*. 2010; 24 (5): 635-645. doi:10.1037/a0020829

15 Vandell DL, Belsky J, Burchinal M, Steinberg L, Vandergrift N. Do effects of early child care extend to age 15 years? Results from the NICHD study of early child care and youth development. *Child Dev*. 2010; 81 (3): 737-756. doi:10.1111/j.1467-8624.2010.01431.x

16 Lansford JE, Criss MM, Pettit GS, Dodge KA, Bates JE. Friendship quality, peer group affiliation, and peer antisocial behavior as moderators of the link between negative parenting and adolescent externalizing behavior. *J Res Adolesc*. 2003; 13 (2): 161-184. doi:10.1111/1532-7795.1302002

17 Bradshaw CP, Waasdorp TE, Leaf PJ. Effects of school-wide positive behavioral interventions and supports on child behavior problems. *Pediatrics*. 2012; 130 (5): e1136-e1145. doi:10.1542/peds.2012-0243

18 Urban JB, Lewin-Bizan S, Lerner RM. The role of neighborhood ecological assets and activity involvement in youth developmental outcomes: Differential impacts of asset poor and asset rich neighborhoods. *J Appl Dev Psychol*. 2009; 30 (5): 601-614. doi:10.1016/j.appdev.2009.07.003

19 Kurlychek MC, Krohn MD, Dong B, Hall GP, Lizotte AJ. Protection from risk: An Exploration of when and how neighborhood-level factors can reduce violent youth outcomes. *Youth Violence Juv Justice*. 2012; 10 (1): 83-106. doi:10.1177/1541204011422088

20 Sampson RJ, Laub JH, Wimer C. Does marriage reduce crime? A counterfactual approach to within-individual causal effects. *Criminology*. 2006; 44 (3): 465-508. doi:10.1111/j.1745-9125.2006.00055.x

21 Desrosiers A, Miller L. Relational spirituality and depression in adolescent girls. *J Clin Psychol*. 2007; 63 (10): 1021-1037. doi:10.1002/jclp.20409

22 Heinicke CM, Fineman NR, Ponce VA, Guthrie D. Relation-based intervention with at-risk mothers: Outcome in the second year of life. *Infant Ment Health J*. 2001; 22 (4): 431-462. doi:10.1002/imhj.1010

23 Oshri A, Duprey EK, Liu S, Gonzalez A. ACEs and resilience: Methodological and conceptual issues. In: Asmundson GJG, Afifi TO, eds. *Adverse Childhood Experiences: Using Evidence to Advance Research, Practice, Policy, and Prevention*. Academic Press; 2020: 287-306.

24 Bethell C, Jones J, Gombojav N, Linkenbach J, Sege R. Positive childhood experiences and adult mental and relational health in a statewide sample: Associations across adverse childhood experiences levels. *JAMA Pediatr*. 2019; 173 (11): e193007. doi:10.1001/jamapediatrics.2019.3007

25 岩佐一・権藤恭之・増井幸恵「日本語版「ソーシャル・サポート尺度」の信頼性ならびに妥当性——中高年者を対象とした検討」『厚生の指標』２００７ (54 [6]: 26-33)

26 三谷はるよ「育児期の孤独感を軽減するサポート・ネットワークとは」『家族社会学研究』２０２０ (32 [1]: 7-19) doi:10.4234/jjoffamilysociology.32.7

第5章

1 Luthar SS, Lyman EL, Crossman EJ. Resilience and positive psychology. In: Lewis M, Rudolph K, eds. *Handbook of Developmental Psychopathology*. Springer US; 2014: 125-140.

2 西澤哲『子ども虐待』講談社 2010

3 Luthar SS, Crossman EJ, Small PJ. Resilience and adversity. In: Lamb ME, Lerner RM, eds. *Handbook of Child Psychology and Developmental Science: Socioemotional Processes*. John Wiley & Sons, Inc.; 2015: 247-286.

終章

1 National Center for Injury Prevention and Control, Centers for Disease Control anc Prevention. *Adverse Childhood Experiences Prevention Strategy*. 2021.

2 National Center for Injury Prevention and Control, Centers for Disease Control and Prevention. *Preventing Adverse Childhood Experiences: Leveraging the Best Available Evidence*. 2019.

3 Scribano P V. Prevention strategies in child maltreatment. *Curr Opin Pediatr*. 2010; 22 (5): 616-620. doi:10.1097/mop.0b013e32833e1688

4 Health Resources and Services Administration. FY 2021 Maternal, Infant, and Early Childhood Home Visiting Awards. Published 2022. Accessed October 1, 2022. https://mchb.hrsa.gov/fy-2021-maternal-infant-early-childhood-home-visiting-awards

5 Olds DL. The nurse-family partnership: An evidence-based preventive intervention. *Infant Ment Health J*. 2006; 27 (1): 5-25. doi:10.1002/imhj.20077

6 Olds DL. Long-term effects of home visitation on maternal life course and child abuse and neglect: Fifteen-year follow-up of a randomized trial. *JAMA*. 1997; 278 (8): 637-643.

doi:10.1001/jama.1997.03550080047038

7 Karoly LA, Greenwood PW, Sohler Everingham SM, et al. *Investing in Our Children: What We Know and Don't Know About the Costs and Benefits of Early Childhood Interventions*. RAND Corporation; 1998.

8 National Center for Injury Prevention and Control, Division of Violence Prevention. Learning from Washington's Adverse Childhood Experiences (ACE) Story. Accessed October 1, 2022. https://www.cdc.gov/violenceprevention/aces/resources.html

9 ナディン・B・ハリス、片桐恵理子訳『小児期トラウマと闘うツール――進化・浸透するACE対策』パンローリング 2019

10 World Health Organization. Adverse Childhood Experiences International Questionnaire (ACE-IQ). Published 2020. Accessed October 1, 2022. https://www.who.int/publications/m/item/adverse-childhood-experiences-international-questionnaire-(ace-iq)

11 Afifi TO. Considerations for expanding the definition of ACEs. In: Asmundson GJG, Afifi TO, eds. *Adverse Childhood Experiences: Using Evidence to Advance Research, Practice, Policy, and Prevention*. Academic Press; 2019: 35-44.

12 川野雅資『トラウマ・インフォームドケア』精神看護出版 2018

13 野坂祐子『トラウマインフォームドケア――〝問題行動〟を捉えなおす援助の視点』日本評論社 2019

14 Substance Abuse and Mental Health Services Administration. *SAMHSA's Concept of Trauma and Guidance for a Trauma-Informed Approach*. HHS Publication No. (SMA) 14-4884; 2014.

15 Morrissey JP, Jackson EW, Ellis AR, Amaro H, Brown VB, Najavits LM. Twelve-month outcomes of trauma-informed interventions for women with co-occurring disorders. *Psychiatr Serv*. 2005; 56 (10): 1213-1222. doi:10.1176/appi.ps.56.10.1213

16 The National Child Traumatic Stress Network. NETWORK MEMBERS: The National Child

Traumatic Stress Network. Accessed October 1, 2022. https://www.nctsn.org/about-us/network-members
17 西澤哲・西岡加名恵監修、小野太恵子・木村幹彦・塩見貴志編『「『生きる』教育」――自己肯定感を育み、自分と相手を大切にする方法を学ぶ』(第1巻)、日本標準 2022
18 一般社団法人TICC「TICCこころのケガを癒やすコミュニティ事業」2021年公表、2022年10月1日アクセス https://www.jtraumainformed-tic.com/
19 JST・RISTEXプロジェクト事務局「視点を変えよう! 困った人は、困っている人」2020年公表、2022年10月1日アクセス https://www.jst.go.jp/ristex/pp/information/uploads/ooka_trauma.pdf
20 Piotrowski CC. ACEs and trauma-informed care. In: Asmundson GJG, Afifi TO, eds. *Adverse Childhood Experiences: Using Evidence to Advance Research, Practice, Policy, and Prevention*. Academic Press; 2019: 307-328.
21 亀岡智美『子ども虐待とトラウマケア――再トラウマ化を防ぐトラウマインフォームドケア』金剛出版 2020
22 杉山登志郎『発達性トラウマ障害と複雑性PTSDの治療』誠信書房 2019
23 Walkley M, Cox TL. Building trauma-informed schools and communities. *Child Sch*. 2013; 35(2): 123-126. doi:10.1093/cs/cdt007
24 文部科学省総合教育政策局男女共同参画共生社会学習・安全課「性犯罪・性暴力対策の強化について」2022年10月1日アクセス https://www.mext.go.jp/a_menu/danjo/anzen/index.html
25 文部科学省初等中等教育局児童生徒課「スクールソーシャルワーカー活用事業に関するQ&A」2021年公表、2022年10月1日アクセス https://www.mext.go.jp/content/20220203-mxt_jidou02-000008592-2.pdf
26 山野則子『学校プラットフォーム――教育・福祉、そして地域の協働で子どもの貧困に立ち向かう』有斐閣

2018
27 厚生労働省初等中等教育局児童生徒課「令和2年度スクールソーシャルワーカー実践活動事例集」2021年公表、2022年10月1日アクセス https://www.mext.go.jp/a_menu/shotou/seitoshidou/mext_00002.html
28 厚生労働省政策統括官付参事官付行政報告統計室「令和2年度福祉行政報告例の概況」2021年公表、2022年10月1日アクセス https://www.mhlw.go.jp/toukei/saikin/hw/gyousei/20/index.html
29 山野良一「児童相談所は、いま」『子どものための児童相談所――児童虐待と子どもへの政治の無関心を超えて』（浅井春夫編）自治体研究社 2021（15-51）
30 厚生労働省「児童相談所関連データ」2022年10月1日アクセス https://www.mhlw.go.jp/content/11900000/000825846.pdf
31 厚生労働省子ども家庭局「市町村（虐待対応担当窓口等）の状況調査（令和2年度調査）」2022年10月1日アクセス https://www.mhlw.go.jp/stf/seisakunitsuite/bunya/0000160367_00004.html
32 上野加代子『虐待リスク――構築される子育て標準家族』生活書院 2022
33 厚生労働省「令和4年6月に成立した改正児童福祉法について」2022年公表、2022年10月1日アクセス https://www.mhlw.go.jp/stf/seisakunitsuite/bunya/kodomo/kodomo_kosodate/jidouhukushihou_kaisei.html

ちくま新書
1728

ACE《エース》サバイバー
——子《こ》ども期《き》の逆境《ぎゃっきょう》に苦《くる》しむ人々《ひとびと》

二〇二三年五月一〇日　第一刷発行

著者　三谷はるよ（みたに・はるよ）

発行者　喜入冬子

発行所　株式会社 筑摩書房
東京都台東区蔵前二-五-三　郵便番号一一一-八七五五
電話番号〇三-五六八七-二六〇一（代表）

装幀者　間村俊一

印刷・製本　株式会社 精興社

ISBN978-4-480-07551-2 C0236

ちくま新書

1029
ルポ 虐待
――大阪二児置き去り死事件
杉山春
なぜ二人の幼児は餓死しなければならなかったのか？現代の奈落に落ちた母子の人生を追い、女性の貧困を問うルポルタージュ。信田さよ子氏、國分功一郎氏推薦。

1053
自閉症スペクトラムとは何か
――ひとの「関わり」の謎に挑む
千住淳
他者や社会との「関わり」に困難さを抱える自閉症。その原因は何か。その障壁とはどのようなものか。診断・遺伝・発達などの視点から、脳科学者が明晰に説く。

1113
日本の大課題 子どもの貧困
――社会的養護の現場から考える
池上彰 編
格差が極まるいま、家庭で育つことができない子どもが増えている。児童養護施設の現場から、子どもの貧困についての実態をレポートし、課題と展望を明快にえがく。

1120
ルポ 居所不明児童
――消えた子どもたち
石川結貴
貧困、虐待、家庭崩壊などが原因で、少なくはない子どもたちの所在が不明になっている。この国で社会問題化しつつある「消えた子ども」を追う驚愕のレポート。

1125
ルポ 母子家庭
小林美希
夫からの度重なるDV、進展しない離婚調停、親子のギリギリの生活……。社会の矛盾が母と子を追い込んでいく。彼女たちの厳しい現実と生きる希望に迫る。

1226
「母と子」という病
高橋和巳
人間に最も大きな心理的影響を及ぼす存在は「母」であり、誰もが逃れられない。母を三つのタイプに分け、それぞれの子との愛着関係と、そこに潜む病を分析する。

1233
ルポ 児童相談所
――一時保護所から考える子ども支援
慎泰俊
自ら住み込み、100人以上の関係者に取材し「一時保護所」の現状を浮かび上がらせ、課題解決策を探る。若き社会起業家による、社会的養護の未来への提言。

1235
これが答えだ！　少子化問題
赤川学
長年にわたり巨額の税金を投入しても一向に改善しない少子化問題。一体それはなぜか。少子化対策をめぐるパラドクスを明らかにし、この問題に決着をつける！

1324
サイコパスの真実
原田隆之
人当たりがよくて魅力的。でも、息を吐くようにウソをつく……。そんな「サイコパス」とどう付き合えばいいのか？　犯罪心理学の知見から冷血の素顔に迫る。

1333-5
格差社会を生き抜く読書
【シリーズ ケアを考える】
佐藤優
池上和子
波瀾万丈な人生を歩んできた佐藤氏と、貧困の現実に詳しい臨床心理士の池上氏が、格差社会のリアルを語る。危機の時代を生き抜くための読書案内。

1336
対人距離がわからない
——どうしてあの人はうまくいくのか？
岡田尊司
ほどよい対人距離と親密さは、幸福な人間関係を維持していくための重要な鍵だ。臨床データが教える、社会にうまく適応し、成功と幸福を手に入れる技術とは。

1360
「身体を売る彼女たち」の事情
——自立と依存の性風俗
坂爪真吾
なぜ彼女たちはデリヘルやJKリフレで働くのか？　そこまでお金が必要なのか？　一度入ると抜け出しにくいグレーな業界の生の声を集め、構造を解き明かす！

1371
アンダークラス
——新たな下層階級の出現
橋本健二
就業人口の15％が平均年収186万円。この階級の人々はどのように生きているのか？　若年・中年、女性、高齢者とケースにあわせ、その実態を明らかにする。

1419
夫婦幻想
——子あり、子なし、子の成長後
奥田祥子
愛情と信頼に満ちあふれた夫婦関係は、いまや幻想なのか。不安やリスクを抱えつつも希望を見出そうとして苦闘する夫婦の実態を、綿密な取材に基づいて描き出す。

ちくま新書

1422
教育格差
――階層・地域・学歴
松岡亮二
親の学歴や居住地域など「生まれ」によって、子どもの学歴・未来は大きく変わる。本書は、就学前から高校まで教育格差を緻密に検証し、採るべき対策を提案する。

1490
保育園に通えない子どもたち
――「無園児」という闇
可知悠子
保育園にも幼稚園にも通えない「無園児」の家庭に潜む闇を、丹念な研究と取材で明らかにした問題作。NPO法人フローレンス代表、駒崎弘樹氏との対談も収録。

1547
ひとはなぜ「認められたい」のか
――承認不安を生きる知恵
山竹伸二
ひとはなぜ「認められないかもしれない」という不安を募らせるのか。承認欲求を認め、そこから自由に生きる心のあり方と、社会における相互ケアの可能性を考える。

1558
介助の仕事
――街で暮らす／を支える
立岩真也
大勢の人が介助を必要としていてもその担い手がいない。どうすればいいのか。介助の仕事のあり方から制度のことまで、利用者にとっても大事なことを語り尽くす。

1562
性風俗サバイバル
――夜の世界の緊急事態
坂爪真吾
デリヘル、ソープなど業態を問わず危機に直面した性風俗。世間からは煙たがられ、客足は遠のき、公助も望めない中、いかにしのぎ切ったのか、渾身のドキュメント。

1582
バイアスとは何か
藤田政博
事実や自己、他者をゆがんだかたちで認知する現象、バイアス。それはなぜ起こるのか？　日常のさまざまな場面で生じるバイアスを紹介し、その緩和策を提示する。

1611
「ひきこもり」から考える
――〈聴く〉から始める支援論
石川良子
葛藤を言葉にできない「語れなさ」を抱えて立ちすくむ「ひきこもり」。その支援の本質は当事者の声を〈聴く〉ことにある。読むとなぜかホッとする支援論。

ちくま新書

1612 格差という虚構　小坂井敏晶

学校は格差再生産装置であり、遺伝・環境論争は階級闘争だ。近代が平等を掲げる裏には何が隠されているのか。格差論の誤解を撃ち、真の問いを突きつける。

1621 ひきこもりの真実 ——就労より自立より大切なこと　林恭子

「家族と同居する中年男性」ばかりじゃない！　8050問題の陰に隠れた、女性や性的少数者、困窮の実態に迫る。そして、家族や支援者に伝えたい本音とは——。

1625 政策起業家 ——「普通のあなた」が社会のルールを変える方法　駒崎弘樹

「フローレンスの病児保育」「おうち保育園」「障害児保育園ヘレン」等を作ってきた著者の、涙と笑いの闘いの記録。政治家や官僚でなくてもルールを変えられる！

1629 ふしぎな日本人 ——外国人に理解されないのはなぜか　ピーター・バラカン　塚谷泰生

日本の集団主義の起源は、コメづくりにあった。日本人を知り尽くすバラカン氏と、ヨーロッパで活躍する実業家・塚谷氏が、日本独特の文化を縦横無尽に語り合う。

1639 パンデミック監視社会　デイヴィッド・ライアン　松本剛史訳

新型コロナウイルスのパンデミックは監視技術の世界的大流行でもあった。加速する監視資本主義とデータ主義は社会をどう変えるのか。世界的権威による緊急発言。

1640 日本水商売協会 ——コロナ禍の「夜の街」を支えて　甲賀香織

新型コロナウイルス感染症の震源地として名指しされた「夜の街」。差別的扱いの実態から成長産業としての魅力まで、業界団体代表が業界の全体像を描く。

1649 ルポ 女性用風俗　菅野久美子

「買う女」たち、「買われる男」たち、そして店の経営者への取材を通して、多種多様な欲望や風俗に通う動機、社会的背景を探る。巻末に宮台真司との対談を附す。

ちくま新書

1656 臨床心理学小史 サトウタツヤ
「過去は長いが、歴史は短い」。フロイトからマインドフルネスまで、臨床心理学の歴史と展開の百数十年を概観し、現代の心理実践を考えるための一冊。

1661 リスクを考える ――「専門家まかせ」からの脱却 吉川肇子
なぜ危機を伝える言葉は人々に響かず、平静を呼びかけるメッセージがかえって混乱を招くのか。コミュニケーションの視点からリスクと共に生きるすべを提示する。

1677 日本の中絶 塚原久美
10人にひとりが経験者といわれる中絶。経口中絶薬の承認から配偶者同意要件まで、中絶問題の研究家が、日本における中絶の問題点と展望を示す。

1686 聞く技術 聞いてもらう技術 東畑開人
「聞かれることで、ひとは変わる」。人気カウンセラーが教える、コミュニケーションの基本にして奥義。読んですぐに実践できる、革新的な一冊。

1699 親は選べないが人生は選べる 高橋和巳
どんな人も、生まれる環境や親は選べないが、そこから自分の人生を自由に選ぶことはできる。カウンセリング経験豊かな精神科医が「親との別れ方」を指南する。

1714 職場のメンタルヘルス・マネジメント ――産業医が教える考え方と実践 川村孝
社員が会社に来なくなった……。悩ましい事例にどう対応したらよいか。実務から考え方まで、管理職や人事担当者が押さえておくべきポイントをわかりやすく解説。

1717 マイノリティ・マーケティング ――少数者が社会を変える 伊藤芳浩
マーケティングは、マイノリティが社会を変える武器になる。東京オリパラ開閉会式放送への手話通訳導入などに尽力したNPO法人代表が教えるとっておきの方法。

ちくま新書

1719 心理学をつくった実験30　大芦治
パヴロフの犬、エビングハウスの忘却曲線から、ミルグラムの服従実験やマシュマロテストまで。30の名実験を紹介しつつ、心理学の流れを一望する画期的入門書！

677 解離性障害 ――「うしろに誰かいる」の精神病理　柴山雅俊
「うしろに誰かいる」という感覚を訴える人たちがいる。高じると自傷行為や自殺を図ったり、多重人格が発症することもある。昨今の解離の症状と治療を解説する。

1118 出生前診断　西山深雪
出生前診断とはどういう検査なのか、何がわかるのか。最新技術を客観的にわかりやすく解説。診断を受けるべきかを迷う人々に、出産への考え方に応じた指針を示す。

1134 大人のＡＤＨＤ ――もっとも身近な発達障害　岩波明
近年「ＡＤＨＤ（注意欠如多動性障害）」と診断される大人が増えている。本書は、症状、診断・治療方法、他の精神疾患との関連などをわかりやすく解説する。

1155 医療政策を問いなおす ――国民皆保険の将来　島崎謙治
地域包括ケア、地域医療構想、診療報酬改定。２０１８年に大転機をむかえる日本の医療の背景と動向を精細に分析し、医療政策のあるべき方向性を明快に示す。

1208 長生きしても報われない社会 ――在宅医療・介護の真実　山岡淳一郎
長期介護の苦痛、看取りの場の不在、増え続ける認知症……。多死時代を迎える日本において、経済を優先して人間をないがしろにする医療と介護に未来はあるのか？

1333-1 持続可能な医療【シリーズ ケアを考える】 ――超高齢化時代の科学・公共性・死生観　広井良典
高齢化の進展にともない増加する医療費を、将来世代にこれ以上ツケ回しすべきではない。人口減少日本の最重要課題に挑むため、医療をひろく公共的に問いなおす。

ちくま新書

1333-2 医療ケアを問いなおす——患者をトータルにみることの現象学【シリーズ ケアを考える】 榊原哲也

そもそも病いを患うとは、病いを患う人をケアするとはどういうことなのか。患者と向き合い寄り添うために、現象学という哲学の視点から医療ケアを問いなおす。

1333-3 社会保障入門【シリーズ ケアを考える】 伊藤周平

年金、医療、介護。複雑でわかりにくいのに、この先も不透明。そんな不安を解消すべく、ざっくりとその仕組みを教えます。さらには、労災・生活保障の解説あり。

1333-4 薬物依存症【シリーズ ケアを考える】 松本俊彦

さまざまな先入観をもって語られてきた「薬物依存症」。第一人者が、その誤解をとき、よりよい治療・回復支援方法を紹介。医療や社会のあるべき姿をも考察する一冊。

1333-6 長寿時代の医療・ケア——エンドオブライフの論理と倫理【シリーズ ケアを考える】 会田薫子

超高齢化社会におけるケアの役割とは？ 介護現場を丹念に調査し、医者、家族、患者の苦悩をすくいあげ、人生の最終段階における医療のあり方を示す。

1397 知っておきたい腹痛の正体 松生恒夫

中高年のお腹は悲鳴を上げています。急増するストレス性の下痢や胃痛、慢性便秘、難治性疾患……。専門医が、痛みの見分け方から治療、予防法まで解説します。

1415 双極性障害【第2版】——双極症I型・II型への対処と治療 加藤忠史

統合失調症と並ぶ精神疾患、双極性障害（双極症）。この病気の性格と対処法とはどのようなものか。最新の研究成果と豊富なQ＆Aを収めたロングセラーの第2版。

1500 マンガ 認知症 ニコ・ニコルソン 佐藤眞一

「お金を盗られた」と言うのはなぜ？ 突然怒りはじめるのはどうして？ 認知症の人の心の中をマンガで解説。読めば心がラクになる、現代人の必読書！

ちくま新書

1390
これなら書ける！大人の文章講座
上阪徹
「人に読んでもらえる」文章を書くには、どうしたらいいか？　30年プロとして書いてきた著者が、33の秘訣を大公開！　自分の経験を「素材」に、話すように書こう。

1392
たった一言で印象が変わる大人の日本語100
吉田裕子
「大人ならそういう言い方はしない」と思われないように。仕事の場はもちろん、日常生活でも「教養ある大人」としての基本的な語彙力が、これ一冊で身につく。

1412
超速読力
齋藤孝
「超速読力」とは、本や書類を見た瞬間に内容を理解し、コメントを言えるという新しい力。本質をつかむためには必須の能力なのだ。日本人なら誰でも鍛えられる。

1456
精神科医が教える　聴く技術
高橋和巳
人の話を聴くことは難しい。精神科医であり、多くのカウンセラーを育てた著者が教える「聴く技術」。四つのステップに分けて、事例と共にわかりやすく解説する。

1551
問いの立て方
宮野公樹
テーマ、課題、目標と大小問わず「問い」には様々な形がある。では、どの問いにも通用するその考え方とはなにか？　その見つけ方・磨き方とあわせて解説する。

1652
だからフェイクにだまされる
——進化心理学から読み解く
石川幹人
人がフェイクニュースや嘘にだまされてしまう7つの心理的トリックを取り上げ、「疑う」態度を身につけることを推奨し、かつ社会的制度作りも必要なことを説く。

1667
子どもに学ぶ言葉の認知科学
広瀬友紀
ヘンテコな答えや言葉遣いには、ちゃんと意味がある。子どもの、あるいは人間一般の心の働き、認知のしくみ、言葉の法則や性質について、楽しく学べる一冊。